どう生きるか つらかったときの 話をしよう

自分らしく生きていくために
必要な22のこと

宇宙飛行士
野口聡一

アスコム

はじめに

「宇宙に行って人生観は変わりましたか？」

僕は１９９６年に宇宙開発事業団（ＮＡＳＤＡ、現・宇宙航空研究開発機構〈ＪＡＸＡ〉）の募集に応募して、31歳で宇宙飛行士候補に選ばれ、２０２２年6月1日に57歳でＪＡＸＡを退職。

その間、宇宙飛行士として合計3回、宇宙へ行きました。

初めて宇宙に行ったのは２００５年、40歳のときですが、それから今まで、何度となく次の質問をされました。

「宇宙に行って人生観は変わりましたか？」

たくさんの人がこの質問をする理由は、もちろん僕にもよくわかります。

アメリカ人初の宇宙飛行士であるアラン・シェパードは、月面着陸後に「月に行く前の俺は腐りきった畜生だったが、（月に立った）今では普通の野郎になった」と言っていますし、かつて僕が教えをこうたこともある作家の故・立花隆先生は、『宇宙からの帰還』（中公公論社）の中でこう記しています。

「宇宙体験という、人類史上最も特異な体験を持った宇宙飛行士たちは、その体験によって、内的にどんな変化をこうむったのだろうか。（中略）それがどれだけ体験者自身に意識されたかはわからないが、体験者の意識構造に深い内的衝撃を与えずにはおかなかったはずである」

この名著によって宇宙への憧れと夢を育まれた僕も、「宇宙へ行くというドラスティックな体験をして、人生観が変わらないわけがない」と、ずっと思っていました。

ところが、実際に宇宙に行き、帰ってくると、それまで想像もしていなかったことが僕を待ち受けていました。

宇宙で経験したことの意味を理解できなかったころ

宇宙へ行き、無重力空間で、国籍も人種も世代も異なる仲間たちと生活しミッションに取り組むこと、地球を外から眺めること、宇宙船の外へ出て、死と隣り合わせの状態でさまざまな作業を行うこと。

これらはいずれも、何ものにも代えがたい素晴らしい経験でした。

しかし、宇宙から帰ってきたばかりの僕には、宇宙で経験したことの意味を理解することができませんでした。

特に最初のフライトは2週間だけであり、地球では絶対に経験できないさまざまな出来事に感情を揺さぶられ、ミッションに追われているうちに終わってしまった感覚がありました。

しかもその後、すぐに2回目のフライトのための準備が始まったため、「宇宙へ行って、自分の何が変わったのか」を落ち着いて考える余裕がなかったのです。

それでも、「宇宙に行って人生観は変わりましたか？」という質問には、肯定的な答えを用意し、内面的な成長を見せなければいけない。

当時の僕はそう思っていました。

それが、多くの人が僕に望んでいることだからです。

宇宙に行って、果たして自分の人生観が変わったかどうか確信が持てないけれど、人々の期待に応え、「変わった」と言わなければならない。

そんなギャップ、違和感を抱えながらも、2回目のフライトの準備に忙殺され、2009年、僕は再び宇宙へと飛び立ちました。

2回目のフライトの後に訪れた、苦しい10年間

2回目のフライトでは、国際宇宙ステーション（ISS）に約半年間滞在し、さ

まざまなミッションを達成し、その時点での日本人宇宙飛行士の宇宙滞在期間の最長記録を更新しました。

また、Ｔｗｉｔｔｅｒ（現・Ｘ）を通じて情報を発信し、地球とリアルタイムでの交流をしたり、テレビのバラエティ番組に中継で出演したりもしました。

自分が、そして人類が宇宙に行くことの意味を、僕なりにつかみたいという思いもありました。

ところが、あまり知られていないことですが、2回目のフライトの後、僕は非常に大きな苦しみを抱えることになりました。

苦しみの大きな原因の一つは、それまで寝ても覚めてもずっと頭の中にあった「宇宙でのミッション達成」というプレッシャー（重石《おもし》）が取れ、今後自分がどこへ向かっていけばいいのか、方向感を失ってしまったことにありました。

また、ほかの宇宙飛行士が次々に脚光を浴び、自分が打ち立てた記録が更新されていく中で、「自分はもう必要とされていない」「自分には価値がない」と感じ、「あれだけ夢中になっていたことは一体何だったのか」「それに価値がないとすると、自分の存在意義は何なのか」という思いにさいなまれるようになり、何もやる気が起きなくなってしまったのです。

苦しみは、40代半ばから50代半ばまで、約10年間続きました。

寂寥《せきりょう》感や喪失感を抱えたこの10年間は、僕にとって「つらいことだらけの時代」でした。

当時の僕は、おそらく宇宙一暗い宇宙飛行士だったのではないかと思います。

宇宙よりも遠い、自分の心の中への旅を通してわかったこと

宇宙は、地上で生活しているだけではわからない、たくさんのことを教えてくれました。

地球と人間は一対一の存在であり、地球は一人ひとりの人間の命の集合体であること。

宇宙空間には、重力も音も命の気配もなく、その中で地球だけが命を感じさせる

存在であり、まぶしく輝いていること。

僕たちが普段、「当たり前」「絶対」だと思っていることは、宇宙では決して当たり前でも絶対でもないこと。


しかし一方で、宇宙に行くのはあくまでも「体験」にすぎず、宇宙に行ったからといって聖人君子になれるわけでもなければ、宇宙に何度も行っても見つからないもの、わからないこともあります。

たとえば、「自分は何者なのか」「自分は何のために生きているのか」「自分はどこに向かって歩いていきたいのか」「後悔のない人生を送るためにはどうしたらいいのか」といった問いへの答えは、宇宙へ行っただけではわかりません。


苦しんだ10年間、僕は縁あって大学の「当事者研究」に参加したり、論文や書籍の執筆をしたり、さまざまなことを行いながら、自分と必死で向き合い、過去2回の宇宙体験についても反芻《はんすう》しました。

そんな、もしかしたら「宇宙よりも遠い」といえるかもしれない、自分の心の中への旅を通して、僕にはようやくわかったことがあります。

それは、

「他者の価値観や評価を軸に、『自分はどういう人間なのか』というアイデンティティを築いたり、他者と自分を比べて一喜一憂したり、他者から与えられた目標ばかりを追いかけたりしているうちは、人は本当の意味で幸せにはなれない」

「自分らしい、充足した人生を送るためには、自分としっかり向き合い、自分一人でアイデンティティを築き、どう生きるかの方向性や目標、果たすべきミッションを自分で決めなければならない」

「自分がどう生きれば幸せでいられるか、その答えは自分の中にあり、自分の足の向くほうへ歩いていけばいい」

ということでした。

後悔のない人生を送るために必要なこと

僕の苦しみの根本的な原因は、「自分はどういう人間なのか」「自分が本当にやりたいことは何か」といったことを、他人の価値観や評価を軸に考えていた点にありました。

「宇宙飛行士になりたい」「宇宙に行きたい」という目標は、もちろん、自分自身で決めたものですが、宇宙飛行士になる過程でも、宇宙飛行士になってからも、僕は常に他者と比較され、他者に評価され、他者から与えられた目標・ミッションを追いかけ、他者の思惑や組織・社会の事情に左右され、自分自身でコントロールできる部分はほとんどありませんでした。

また僕自身、自分の内面としっかり向き合ったうえで、「自分はどういう人間なのか」「宇宙に行った後、どうしたいか」を考えたことはありませんでした。

自分一人でアイデンティティを築き、人生の方向性や目標、ミッションを決めるという経験をせず、他人の価値観や評価に身をゆだねてしまうと、たとえ競争に勝って目標を達成しても、組織の中で成果を出して認められても、目標を達成したり組織を離れたりすると同時に自分のアイデンティティや生きる方向性を見失ってしまいます。

本当に後悔のない人生を送るためには、どうすればいいのか。

苦しかった10年間を経て、ようやくその答えがわかった僕は、定年を迎える前にJAXAという組織を離れ、自分の足で歩き出す決意をしました。

宇宙は正と負、2つのインパクトを与えてくれます。

正のインパクトは、まばゆいばかりの地球の姿と一対一で対峙《たいじ》することで宇宙的な視野を獲得できること、負のインパクトは、その宇宙体験がまばゆければまばゆいほど、その後の「日常の帰還」時の落差が大きく「燃え尽き症候群」を招くことです。

この2つのインパクトは、実は時間をかけて自分の中で熟成されていくのですが、最終的に負のインパクトを乗り越えることができたことで、僕はようやく自分のアイデンティティにたどり着けたのだと、今では思っています。

死はコントロールできなくても、人生は自ら思うように動かせる

宇宙飛行士に限らず、誰にとっても、後悔なく生きるのは非常に難しいことです。僕自身、いまだに、真に自分らしい生き方を求めて悪戦苦闘している最中です。

しかし、宇宙で学んだこと、苦しみの10年間に学んだことを踏まえ、「人間にとって、アイデンティティとは何か」を正面からとらえ、同じようにアイデンティティの問題を抱える多くの人たちと共有したいという思いから、今回、筆をとることにしました。

人にはいつか必ず死が訪れるし、自分の死をコントロールすることはできない。

でも、天寿を全うするまで、自分の命、自分の人生を主体的に動かすことはできる。

朝、起きたときに命があれば、その日一日の命、その日一日どう生きるかを自ら考え、実行することはできる。

それは、後述するように、共に訓練を受けた仲間を事故で失ったり、危険に満ちた宇宙空間で、死と隣り合わせで作業を行ったりした僕の偽らざる実感です。


自分自身の心の中、あるいは人生に向き合っていくのは、もしかしたら宇宙に行くより困難な旅かも知れません。

でもその旅を通じて、わたしたちは自分自身で自分のアイデンティティを築き、どう生きるかの方向性と目標、果たすべきミッションを決めることができるのです。


この本が、一人でも多くの人にとって、自分らしく後悔のない人生を送るきっかけになることを願っています。

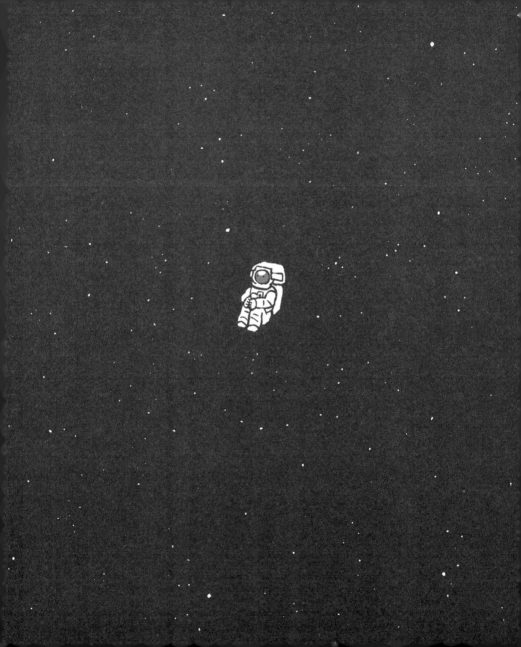

目次

はじめに

第1章

「自分はいらない人間なんだ」と苦しんだ10年間の話

第2章

後悔なく生きるために大事にすべきこと

第3章

「幸せの答え」は自分の心の中にある

第4章 夢を見ることこそ最高の処方箋

第 1 章

「自分はいらない人間なんだ」と苦しんだ10年間の話

01

How to live

地球と一対一で向き合ったときに見えたもの

憧れの宇宙飛行士になり、宇宙へ飛び立つ

僕は高校生のとき、テレビでスペースシャトルの打ち上げの映像を見たことがきっかけで、「宇宙ってどんなところだろう」「僕も行ってみたい」と思うようになりました。

しかし、当時は日本人宇宙飛行士もおらず、どうすればその夢が叶うか、誰に聞いてもまったくわかりませんでした。

そこで「宇宙に関する勉強をしていたら、それに近い世界に行けるかもしれない」と考え、大学および大学院では工学部に入り、航空学を専攻。

卒業後は石川島播磨重工業に入社し、しばらく航空技術者として超音速旅客機のエンジン開発の仕事に従事していたのですが、31歳のとき、宇宙開発事業団（NASDA、現・宇宙航空研究開発機構〈JAXA〉）が宇宙飛行士を募集していることを知り、応募しました。

1
2
3
4

競争率573倍という狭き門でしたが、無事合格することができ、晴れて日本人宇宙飛行士に。

合格後、勤めていた会社を辞めてすぐに渡米し、1996年8月から「アメリカ航空宇宙局（NASA）ジョンソン宇宙センター」で訓練を始め、これまでに3回、宇宙へ行っています。

最初のフライトは2005年7月。

僕はスペースシャトル「ディスカバリー号」の乗組員として、15日間の宇宙飛行を行い、スペースシャトル初の機体補修を含め、3度の船外活動を行いました。

船外活動で、初めて地球と対面する

宇宙では、「無重力空間で生活する」「国籍も人種も世代も異なる仲間たちと力を合わせてミッションに取り組む」など、地球ではなかなか味わうことのできないさまざまな体験をしましたが、僕にとって特に鮮烈だったのは、初めて宇宙から眺めた地球の姿でした。

宇宙飛行士を夢見た学生時代も、宇宙飛行士として訓練を積んでいる間も、僕は宇宙についてたくさん学び、美しい地球の写真も何度となく見てきました。

しかし、実際にこの体で宇宙空間を体験し、この目で地球を見たとき、僕は今まで、自分が宇宙について知っているつもりになっていただけだと痛感しました。

宇宙飛行士には、スペースシャトルの補修や宇宙ステーション建設のために、材料を運ぶ、ネジを締める、配線工事を行うなど、宇宙船の外に出てやらなければならないことがたくさんあります。

それを「船外活動」というのですが、体を包む宇宙服と命綱だけを頼りに、空気のない宇宙で作業を行う船外活動は、宇宙飛行士の仕事の中でももっとも過酷なものの一つです。

一方で、先輩飛行士から、その体験はとても素晴らしく、やりがいも大きいと聞いており、僕は宇宙飛行士に選ばれたときから、船外活動をすることを強く望んで

1
2
3
4

いました。

そして、最初のフライトの5日目にあたる2005年7月30日、僕は初めての船外活動を行うことになり、スペースシャトルの外に出ました。

スペースシャトルのエアロック（宇宙に出る前の狭い部屋）に入り、宇宙服を着て、徐々に室内の気圧を下げ、0気圧になったら、宇宙へとつながるエアロックのドアを開け、体をシャトルの外側に出す。

それから体を反転させ、宇宙空間に泳ぎ出た瞬間、僕は息を飲みました。

まぶしく輝く地球が、すさまじい迫力で僕に迫ってきたからです。

約400キロメートルの距離があるにもかかわらず、地球は手を伸ばせば触れそうなほど近くに感じられました。

「地球は一つしかない」。

僕たちはよくこの言葉を見聞きしますが、実際に宇宙空間で対峙すると、地球が唯一無二であることを実感します。

それはまるで天啓のようでした。

宇宙空間の中で、地球だけに命の存在を感じた

初めて宇宙空間に出て驚いたのは、音がないことです。

音は空気の振動によって伝わります。

空気のない宇宙空間に音がないことは知っていましたが、実際に体験する宇宙の無音は想像以上でした。

また、生き物の気配もまったくなく、「ここは命が存在しない場所だ」「生き物が生きていけない世界だ」と、体が本能的に感じました。

命の存在がまったく感じられない宇宙空間の漆黒《しっこく》の闇の中、地球だけが圧倒的な存在感を放ち、「ここに命がある」「生きている」と訴えているようでした。

地球の表面には白い雲が動き、青い海は太陽の光を受け、輝いており、見ている間にも、地球はゆっくりと回転し、刻々とその表情を変えていきます。

そして、日本やアメリカなど自分にとって身近な国々だけでなく、一生行くこと

がないかもしれないアフリカやアマゾン、シベリアなどの森林で暮らす人々や、太平洋の小さな島々に暮らす人々に至るまで、地球に暮らす約70億の人たちの生活がリアルに感じられ、地球が「命に満ちた天体である」という強い確信を抱きました。

宇宙空間には、ほかにもたくさんの星がありましたが、命があると実感した星は地球だけだったのです。

それと同時に、僕は思いました。

僕と地球は、いずれも宇宙空間にたった一人で浮かぶ「命」であり、対等な一対一の存在だ。

そして、家族も友だちもふるさとも思い出も、大事なものがすべてあの中にあり、僕はあそこで生まれ、育ち、これからもあそこで暮らし、死んでいく。

僕は地球の一部なのだ、と。

僕には、地球がまるで親しい友人のように感じられ、「地球さん、こんにちは」と呼びかけたい気持ちになりました。

いや、実際に心の中で呼びかけていたかもしれません。

このように、地球という命に強く反応したのは、そのときの僕が死と隣り合わせの場所にいたせいかもしれません。

宇宙服の手袋のつなぎ目に小さなすき間があっても、ヘルメットが割れても、一巻の終わり。

命綱が切れたら、宇宙空間へ放り出されてしまう。

不思議なことに、恐怖心はありませんでしたが、命の気配がない世界で、自分自身も生と死のはざまにいたからこそ、地球が放っている命の輝きが、より強く胸に迫ってきたのだと思います。

途方もない数の生物が存在している巨大な地球を、宇宙の中の一つの「もの」であり、命を持つ生き物であると感じると同時に、自分自身を宇宙の中の一つの「もの」であり、地球の一部を構成する生き物であると感じる。

それは、地球にいるときには想像もしなかった感覚でした。

02

How to live

フライト後に芽生えた自己否定と自己喪失

最初のフライトの後に芽生えた「こんなもんだったのか」という気持ち

ところが、これほどの体験をしたにもかかわらず、最初のフライトを終えて地上に戻ってしばらくたったとき、僕の心の中に「こんなもんだったのか」という気持ちが芽生えてきました。

宇宙へ行く前、僕は「宇宙に行けば人生観が変わるはずだ」と思っていました。

宇宙体験は、強烈なインパクトを僕の内面世界に与えたし、それがなければ、今の自分がないことは間違いありません。

でも、宇宙船を操縦する、船外活動をする、といった体験のリアリティがあまりにも大きすぎて、それを自分で客観的に評価したり、自分なりに「消化」したりすることができず、「意外とあっさり終わっちゃったな」と思っていたのです。

1
2
3
4

立花隆先生も、『宇宙からの帰還』の中で、次のように書かれています。

「体験はすべて時間とともに成熟していくものである。とりわけそれが重要で劇的な体験であればあるほど、それを体験している正にその瞬間においては、体験の流れの中に身をゆだねる以外に時間的余裕も意識的余裕もないから、その体験の内的含意をつかむことができるのは、事後の反省と反芻を経てからになる」

それは、甲子園に出場した高校球児が無我夢中で試合を終え、後になって「自分は、甲子園の土を踏んだんだな」としみじみと思う感覚に似ているかもしれません。

「宇宙に行って人生観は変わりましたか？」という質問に答えられなかった

最初のフライトの直後は、「2週間、宇宙へ行って任務を果たしてきた」という だけで達観した人であるかのように扱われたり、「宇宙で何を見ましたか？」「宇宙に行って人生観は変わりましたか?」といった質問をされたりすることへの違和感がありました。

僕が初めて宇宙に行った2005年ごろは、「宇宙に行くというのはすごい体験であり、必ず人生観が変わるはずだ」という世間からの期待や先入観があり、「それほど大したことではない」「何も変わらなかった」と答えることが許されない空気がありました。

そのため、人々の期待に応えられそうな答えを口にしながらも、「自分はそうした質問にきちんと答えきれているのだろうか」「自分の中に、それに答えられるだけの材料があるのだろうか」と常に思っていました。

「宇宙に行ったなんてすごいですね」といろいろな人から言われるたびに微妙な温度差を感じ、「みんなは何をもって『すごい』と言っているんだろう」という疑問を抱いていたのです。

おそらく、1992年に日本人宇宙飛行士として初めてスペースシャトル計画に

1
2
3
4

加わり、ＮＡＳＤＡの宇宙飛行士として初めて宇宙へ飛び立った毛利衛さんや、１９９７年に日本人宇宙飛行士として初めて船外活動を行った土井隆雄さんの時代には、そうした空気はもっと強かったはずです。

そういった世間からの期待に応えるかたちで、毛利さんは二度の宇宙飛行を通して育んだものの見方や考え方を「ユニバソロジ」という形で提唱しています。また、土井さんはその後、京都大学特定教授として、人間が宇宙で活動するために直接使える新しい学問である「有人宇宙学」を作ろうと動いています。

先輩方が、宇宙へ行く意味を再定義する活動をされている中、僕は「なぜ、人間が宇宙に行くのか」という問いに対する自分なりの答えをなかなか見つけることができず、それを「自分のある種の未熟さのせいなのではないか」と考え、ひけめを感じていました。

2回目のフライトでさまざまなミッションを成功させ、達成感を得る

もっとも、周囲からの期待と自分の実感の間にギャップを覚えたり、ひけめを感じたりしつつも、このときの僕はさほど深く悩みはしませんでした。

すぐに、次のフライトの準備が始まり、「次の訓練で忙しいから」と取材を断ったり、「新しい目標に向かって走っている」という気持ちによって自分を支えることができたりしたためです。

もちろん、最初のフライトの後に感じた違和感が解消されたり解決したりしたわけではありませんが、新しいミッションを与えられ、そこに集中していたせいで、自分と向き合うことなく時間が過ぎていきました。

2回目のフライトは2009年12月。

高度400kmの軌道を周回する宇宙の実験施設、国際宇宙ステーション（IS

S）への長期滞在クルーに選ばれた僕は、スペースシャトル「ソユーズTMA−17」に乗って宇宙へ飛び立ち、2010年6月に地球へ帰還しました。

ISSは、アメリカの呼びかけに応じ、日本、欧州、カナダが共同で構築・運用している施設であり、宇宙飛行士が生活する居住モジュールや、さまざまな化学実験を行う実験モジュール、船外実験施設など、各国が開発したさまざまな部位が組み合わさった構造になっています。

約5か月半の滞在期間中、僕はISSの各部および日本実験棟「きぼう」のメンテナンスや各種実験を行い、Twitterによる情報発信や、現地で撮影した画像・動画の発表も行いました。

2回目のフライトが終わったとき、僕は大きなものを成し遂げた、やりきったという思いに満たされていました。

日本が威信をかけて作り上げた「きぼう」でさまざまなミッションを成功させ、かつ日本人宇宙飛行士として最多の滞在日数や船外活動を記録したためです。

「いつの間にか山のてっぺんに立っていた」。

偉そうだと思われるかもしれませんが、そんな感覚がたしかにありました。

重石が取れ、人生の目標を見失う

しかし、本来ならば喜び満足してしかるべき時期だったにもかかわらず、2回目のフライトから帰ってから約10年間、僕は大きな寂寥感や喪失感に襲われることになりました。

その原因の一つは、「重石」が取れたことでした。

それまでの僕は、常に宇宙でミッションを達成することばかり考えていました。「ミッション達成」という重石があり、そこに向かって頑張ることに自分の立ち位置や存在意義を見出していたのです。

最初のフライトのときは、まだまだ宇宙飛行士として新人で、帰還してからも

「とにかく自分の実績を上げないと」という気持ちがありました。

ところが、2回目を終えて帰還したときは、達成感があったがゆえに、重石がとれ、肩の荷が下りると同時に人生の方向感をも失ってしまい、「まだ45歳だしこの仕事を続けたいけれど、次は何をすればいいんだろう」「これから先に、まだ目指すものはあるだろうか」「宇宙飛行士として、モチベーションを維持し続けることができるのだろうか」という思いが強かったのです。

また、自分が全身全霊をかけて立ち向かっていたものが消えたことにより、僕は「自分には価値がなくなった」「自分は必要とされていない」と感じるようになり、「あれだけ夢中になっていたこと、長い時間と精魂込めて立ち向かっていたことは一体何だったのか」「そこにかけた時間の意味は何だったのか」「それに価値がないとすると、自分の存在意義は何なのか」とまで思うようになりました。

それはまさに自己否定、自己喪失であり、「燃え尽き症候群」のような状態でした。

もっとも、僕は、燃え尽きること自体は決して悪いことではないと思っています。燃え尽きるのは、何かの目標に向けて自分が持っている能力を全部使い果たしたということ、何かに全力を注いだということであり、それはとても幸せな事でもあると思うからです。

ただ、大事なのは、燃え尽きた先でどうするかです。

ずっと燃え尽きたままでいるのか、新しい目標を探して立ち上がっていくのか。そして、何か大きなことを成し遂げると、同じレベルのことは次の目標にはなりづらく、新たな目標を見つけることが難しくなるのはたしかです。

僕は2012年にアメリカから日本に戻り、テレビの報道番組でキャスターを務めたり、大学の先生たちと、人類が宇宙に進出する人文学的な意味や価値を考える取り組みを行ったり、国際連合の仕事に従事したりしましたが、宇宙飛行に代わるだけの人生の目標を、どうしても見つけることができませんでした。

03

How to live

僕を苦しめた「自分は必要とされていない」という思い

宇宙へ行く前と後の扱われ方のギャップ

もう一つ、僕を苦しめたのは、宇宙へ行く前と帰ってきてからの、人々からの扱われ方のギャップでした。

宇宙へ行く前および飛行中、宇宙飛行士は非常に手厚いサポートに恵まれます。職場では、「あなたはこれから大変なミッションを果たしに行くのだから、そこに集中してほしい。ほかのことは全部僕たちがやるから」と同僚たちが上げ膳据え膳で助けてくれますし、宇宙船打ち上げの瞬間には、まさに全世界からの注目が宇宙飛行士に集まります。

ところが、一番危険な打ち上げが無事に終わると、人々の注目度はいったん大きく下がります。

宇宙飛行士にとっては、そこから本格的な宇宙飛行が始まるのに、見守っている

1
2
3
4

人たちにとっては、打ち上げがもっとも大きなイベントであり、帰還するころには、僕たちが宇宙に行っていたことを気に留めている人はほとんどいません。

宇宙飛行を終え、職場に戻れば、「帰ってきたんですね」「すぐに日常業務に戻ってください」「あとは自分で頑張ってください」といった空気を感じるのです。

僕自身、宇宙飛行士をサポートする地上支援業務を行ったこともあるので、打ち上げが終わると、「あれ、今は誰が宇宙にいるんだっけ？」といった感覚になるのも、「宇宙飛行を終えてきた人を、いつまでも特別扱いするわけにはいかない」という周りの人たちの気持ちもよくわかります。

しかし、行く前と帰ってきた後の扱われ方の変化、ギャップの大きさは、非常につらいものがありました。

さらに、宇宙へ行く前までは、ＪＡＸＡ内部や宇宙開発コミュニティの中で「今年の顔」みたいに扱われても、翌年にはほかの宇宙飛行士がその座に就くことになります。

ほかの宇宙飛行士がもてはやされ、若手が控えている中で、「自分はもう必要とされていない」と感じるようになる。

その寂寥感、喪失感の大きさは、言葉では表現できないほど大きなものでした。

どんどん塗り替えられていく、自分の記録

しかも、僕の記録は、あっという間に塗り替えられていきました。

僕がＩＳＳから帰還した2年後には、後輩にあたる星出彰彦さんが通算の船外活動時間記録を更新し、3年後には若田光一さんが宇宙滞在日数の最長記録を更新したのです。

宇宙飛行士の圧倒的な先駆者である毛利さんや、比較的年齢の近い先輩である若田さんは、常に先を走っている。

そして、自分が達成したミッションや記録は、後輩含め、僕以外の宇宙飛行士に

よって次々に塗り替えられていく。

そうした事実を突きつけられては、自分と他者とを比較し、僕はどんどん自分を否定し、自信を失っていきました。

頭では「自分にしかない良さもあるはずだ」とわかっていても、自分のほうが優れているポイントに関しては「大したことがない」と感じ、自分のほうが劣っているポイントは、頭の中で大きくクローズアップされるのです。

当時の僕を含め、多くの人は、やりがいが感じられることに取り組むこと、周囲の人から称賛されること、必要とされることなどによって、「自分が自分たりうる」という自信を抱きます。

逆に、それらがなくなると、自分の存在意義を見失い、自分が何をやりたいのかがわからなくなってしまうわけです。

2回目のフライトを終え、記録は塗り替えられ、次のフライトの予定もない。

自分はもう、宇宙飛行士としての役割を終えたかもしれないし、周りから求められること、必要とされることももうないかもしれない。

子どものころから宇宙飛行士に憧れ、宇宙飛行士候補に選ばれて約15年間、必死で訓練に取り組み、宇宙へ2回行き、数々のミッションを達成したのに、自分には何も残っていない。

そんな思いが、僕につらくのしかかりました。

宇宙体験によって得られるのは、人間的な成長というよりは視野の拡張

おそらくみなさんは宇宙飛行士に対し、「宇宙に行った人は、きっと人生観が大きく変わり、他者と自分を比べたり、日常のささいなことで悩んだりすることはなくなるのではないか」といったイメージを抱いているのではないでしょうか。

たしかに、立花隆先生が書かれているように、宇宙体験が、宇宙飛行士の意識構造に深い内的衝撃を与えること、宇宙飛行士の多くが、宇宙で、意識の変容体験をするのはたしかだと、僕は思います。

ただ、そこで得られるのは、人間的な成長というよりは視野の拡張にすぎません。宇宙体験が、人生のすべての悩みや苦しみを解決してくれるわけではないのです。

僕はもともと、心配性でネガティブで、細かいことに思い悩むタイプです。宇宙飛行士になる前は、「大事な場に遅刻したらどうしよう」「試験でミスしたらどうしよう」といちいち心配し、失敗すればクヨクヨしていました。

でも、宇宙飛行士という仕事は、そのような性格では務まりません。

宇宙飛行士の仕事には常に危険がつきまといます。

普段、仕事などでミスをした場合は、「恥ずかしい思いをする」「周りの人に叱られる」「損失が発生する」といったペナルティが発生しますが、宇宙空間でミスをした場合のペナルティは「死」であり、一瞬にして自分もしくは仲間の命が失われることになります。

そう思うと、不安や恐怖に支配され、何もできなくなってしまうため、僕を含め、宇宙飛行士は、訓練中やフライト中は強制的に「自分は楽天的だ」と考えるようにしています。

たとえうまくいっていなくても、「うまくいっている」と思い込んで乗り切るしかないのです。

宇宙飛行士が、しばしば「人間ができている」というイメージを抱かれやすいのは、そのせいかもしれません。

ところが、地上に帰ってしばらくすると、結局はまた、もともとの性格に戻ってしまいます。

1
2
3
4

一人で悶々としていた日々

2回目のフライトの後、気持ちはスパイラルで落ちていき、僕は常にふさぎ込んでいました。

家族を含め、そんな僕を心配し手を差し伸べようとしてくれた人もいましたが、「大丈夫だから」と拒否し、人と会うのがおっくうになり、朝も起きられなくなり、しばらく昼夜逆転の生活を送るようになりました。

当時は部屋に引きこもり、家族に不機嫌な顔ばかり見せたりしていましたが、自分がどういう気持ちなのか、うまく家族に伝えることができませんでした。

妻から「何が起きているのか、何を考えているのか話してくれないとわからない」と怒られたこともありますし、幼い娘たちにもずいぶん心配をかけました。

それまで目標に向かってテキパキしていた夫や父親が、ようやく仕事を無事終えて帰ってきたのにブスッとした顔をしていたら、家族は「どうしたんだろう」と思って当たり前です。

あのときは本当に申し訳ないことをしたと思っています。

しかし、僕には、周りの人たちの気持ちを考える余裕などありませんでした。宇宙へ行ったことの意味を見出せないことへのひけめ、フライト前後の周りの人からの扱われ方のギャップ、他者と比較することなどによって生まれる「自分はもう必要とされていない」という気持ちが生み出す苦しみからなかなか抜け出すことができず、一方で、新しい目標を見つけることもできず、一人で悶々としていたのです。

04

How to live

「自分の価値」を周囲や会社に決めさせてはいけない

僕が当事者研究に参加しようと決めた理由

2回目のフライトの後に襲われた苦しみときちんと向き合うため、また、燃え尽きからどうすれば立ち直ることができるのかを知るため、僕は東京大学先端科学技術研究センターの熊谷晋一郎准教授のもとで、「当事者研究」の研究メンバーに加わることになりました。

当事者研究は、北海道浦河郡にある、精神障がいなどを抱えた当事者の地域活動拠点である社会福祉法人「べてるの家」で始まったとされています。

具体的には、従来、「研究対象」とされることが多かった障がい者や難病を抱えた人、依存症に苦しむ人などが、専門家と共に自分自身の「研究」に軸を置きながら、支援や政策の制度設計に関わっていくというものです。

熊谷准教授は、ご自身が脳性まひのため車いす生活を送ることになった小児科医であり、「当事者にしかわからない悩みや苦しみがあり、当事者自らが研究者とな

1
2
3
4

る必要がある」という考えが、当事者研究の根底にはあります。

そして僕は、当事者研究に参加し、「宇宙飛行士が経験するような極限状態が、その人にどのような変化を与えるのか」「自分が苦しみを抱えた原因は何か」「燃え尽きを経験した人は、どのようなプロセスを経て日常生活に戻るのか」がわかれば、未来について考えることができるようになるのではないかと思ったのです。

なお、熊谷准教授の当事者研究には、障がい者や難病の患者さん、依存症の患者さんだけでなく、宇宙飛行士や五輪・パラリンピックに出場したアスリートも参加していました。

宇宙飛行士やアスリートの中には、過酷なトレーニングや過酷な経験、熾烈な争い、他者からの評価にさらされることなどによって、心に傷を負い、心身のバランスを崩し、引退後の人生を無為に過ごしてしまう人が少なくありません。

熊谷准教授によると、そうした宇宙飛行士やアスリートの状態は、依存症の患者さんとオーバーラップする部分が多いそうです。

苦しみの原因は、
他者の価値観や評価を軸にしていたことにあった

当事者研究に関わる中で、僕はさまざまな人たちの話を聞き、自分自身としっかり向き合いました。

さらに、論文や書籍の執筆をしたり、宇宙体験を反芻したりもしました。

そんな、宇宙よりも遠い自分の心の中への旅を通して、僕にはようやくわかったことがありました。

それは、

「他者の価値観や評価を軸に、『自分はどういう人間なのか』というアイデンティティを築いたり、他者と自分を比べて一喜一憂したり、他者から与えられた目標ばかりを追いかけたりしているうちは、人は本当の意味で幸せにはなれない」

「自分らしい、充足した人生を送るためには、自分としっかり向き合い、自分一人でアイデンティティを築き、どう生きるかの方向性や目標、果たすべきミッションを自分で決めなければならない」

「自分がどう生きれば幸せでいられるか、その答えは自分の中にあり、自分の足の向くほうへ歩いていけばいい」

ということであり、その気づきが、長く暗いトンネルから抜け出すきっかけとなりました。

僕がなぜ、10年間苦しむことになったのか。

その根本的な原因は、「自分はどういう人間なのか」「自分がやりたいことは何か」「自分はどう生きるか」といったことを、他者の価値観や評価を軸に考えていた点にありました。

「宇宙飛行士になりたい」「宇宙に行きたい」という目標は自分自身で決めたものでしたが、宇宙飛行士になるまでは常に他者と比較され、他者に評価されていたし、宇宙飛行士になってからも、常に組織や社会の事情に左右され、他者から与えられたミッションを一生懸命に達成しようとしていました。

自分自身で決め、コントロールできる部分はほとんどなかったし、僕自身も自分の内面としっかり向き合い、「自分はどういう人間なのか」「宇宙に行った後、どうしたいか」を考えたことがなかったのです。

誰にでも「自分は必要とされていない」と思うことは起こりうる

「自分は必要とされていない」「自分の存在意義は何なのか」と思ってしまうことや、「自分はどういう人間なのか」がわからなくなってしまうこと、目標を達成し、何をすればいいかわからなくなることは、誰にでも起こりうるのではないかと僕は思います。

たとえば、短距離走者の中には、幼いころから周りの子どもよりも速く走ることができ、それが嬉しくて走り続けた結果、学校代表や県代表、日本代表になったという人がたくさんいるでしょう。

しかし、ただ好きで走っていただけなのに、「あなたは子どもたちに夢を与える存在だ」「この地域（あるいはこの国）のヒーローだ」と言われ、持ち上げられるようになると、その人は「友だちより早く走ったり、速い球を投げたりすることは、称賛されることである」「自分は偉い人間である」と錯覚したり、「ただ好きで走ったり野球をしたりしているだけなのに、何でこんなに期待されてしまっているんだろう」と違和感やプレッシャーを感じたりするのではないかと思います。


前者の場合は、持ち上げられて自分を見失う危険性がありますし、体の故障や加齢によって記録が出せなくなったり、引退を表明したりしたとたん、世間から「終わった人」という目で見られてしまい、虚しさを覚える危険性があります。

一方、後者の場合は、1964年東京オリンピックのマラソンで3位入賞を果たした後、自ら命を断った円谷幸吉さんのように、周囲からの期待やプレッシャーに押しつぶされてしまう危険性があります。

「周りが勝手に自分を祭り上げていただけ」「引退しても、持ち上げられる前の、元の生活に戻るだけ」と達観し、世間の評判や周りの人の目を冷静に受け止められればよいのですが、それができる人はごくまれであり、多くの人は傷つき、寂寥感や喪失感を感じるはずです。

他者の価値観や評価、他者との関係性に基づいたアイデンティティはもろい

このようなことが起きるのは、他者から与えられた目標に追われ、他者の評価などを自分のアイデンティティや価値であるととらえてしまうためです。

アイデンティティ（identity）は、一般的には「自己同一性」と訳され、辞書には、

・「自分が自分である」と自覚し、連続性のある自己認識を持つこと

・ほかとはっきりと区別される、一人の人間の個性
・自分が独自性を持った、ほかならぬ自分であるという確信
・自分は何者か、自分が自分であることの核心は何かという自己定義

などと書かれています。

つまり、アイデンティティとは、「自分は自分であり、ほかとは異なる個性を持つ一人の人間であるという認識」だといえるでしょう。

ところが、他者の価値観や評価、あるいは他者との関係性、他者から与えられた役割などに基づいてアイデンティティを築いてしまっている人は少なくありません。

たとえばみなさんは、「あなたがどういう人なのか、教えてください」と尋ねられたとき、どのように答えますか？

「●●年にA県で生まれ、B大学を卒業してC社に就職し、DやEという部署を経て、今はFという部署の部長を務めています。結婚していて、二人の子どもがいます」といったように、社会や組織における地位や肩書き、家族との関係性などを語

ることに終始してしまってはいないでしょうか。

もちろん、社会の中で他者と関わって生きている以上、それらの要素がアイデンティティの一部となるのは当然のことかもしれません。

しかし、他者の価値観や評価、他者との比較によって生まれる価値は移ろいやすく、他者との関係性、他者から与えられた役割などはいずれ変化し失われます。

また、他者が常にあなたを評価し、目標を与えてくれるとは限りません。

追いかけるべきニンジンは、自分で作る必要がある

僕たちは、子どものころには学校という組織の中で、大人になってからは会社という組織の中で、社会的な生き物になるよう教育されています。

常に、他者との関係性によって自分を位置づけ、他者から与えられた目標に応えることを求められ、他者と比較され評価され続け、いつしか自分でも、自分自身を相対的に評価するようになります。

多くの人は、他者の目の中に映っている姿を見て、自分がどのような人間なのかを認識し、自分の価値や存在意義を確認し、他者から与えられた目標をこなすことで精神的な安定を得ているのです。

「一生懸命仕事に取り組み、成果を上げる」「大会で優勝する」「賞をとる」……。こうした目標の大半は、他者から与えられたものです。

他者から与えられた目標をこなしているとき、その競技や仕事が好きだという思いと同時に、「他者から評価されたい」という強い欲望もあるはずです。

そして、他者から与えられた目標や評価は、他者があなたの前にぶら下げているニンジンであるともいえます。

もちろん、他者がぶら下げたニンジンを追いかける行為も無駄ではありません。社会の中で生きている僕たちが自分のアイデンティティを築くうえで、「他者から必要とされている」「他者から価値がある存在だと認められている」「社会の中に自分の居場所がある」と感じることは非常に重要です。

また、ニンジンを追いかけて何かに打ち込み努力を重ねた時間は尊いものであり、そこで経験したこと、身につけたものは、必ず力になるはずです。

でも、他者から与えられた目標に追われ、他者の評価や他者との関係性だけをもとに自分のアイデンティティを築いてしまうと、自分が本当に達成したいことを自分で見出すこと、自分のアイデンティティを自分一人で築くことが難しくなります。すると、他者からの評価や目標、他者との関係性、他者から与えられた役割などが失われたとき、自分のアイデンティティや目標を見失い、寂寥感や喪失感を抱くことになります。

だからこそ僕は、みなさんに、自分のアイデンティティや、どう生きるかの方向性や目標を他者に決めさせず、追いかけるべきニンジンを自分で作ってほしいのです。

自分がどう生きれば幸せでいられるか。

その答えは必ず、自分の中にあるはずです。

05

How to live

組織や他者から離れた自分を想像してみる

人生には必ず、よるべなく生きなければならないときが訪れる

ほとんどの人は、人生の中で一度は、自分のアイデンティティが揺らぎ、糸の切れた凧のように、無重力空間をあてもなく漂う物体のように、よるべなく生きなければならないときがきます。

たとえば、試験の結果が出たとき、大きなミッションを達成したとき、子どもたちが巣立っていったとき……。

一生懸命に何かに取り組んだ後、一生懸命に生きた後ほど、そうした状態に陥りやすいといえますが、定年など何らかの事情で、長く所属していた組織を離れることになったとき、あるいは「自分の代わりはいくらでもおり、組織にとって自分は唯一無二の存在ではない」と気づいたときにアイデンティティが崩壊し、自分には価値がないと感じる人は多いのではないでしょうか。

1
2
3
4

もちろん、同じ組織に長く所属していても、「自分はこういう人間であり、会社の仕事とは別にこうした生きがいがある」と言える人なら、何の問題もありません。

でも、「自分は、他者の価値観や評価と切り離されたところで自分のアイデンティティを築けているか」をちゃんと考えたことがある人は、あまりいないのではないかと思います。

人生の早い段階で、自分自身と向き合おう

そこで必要なのが、組織や他者から離れた自分を想像して自分自身と向き合い、自分一人で自分のアイデンティティを築き、どう生きるかの方向性や目標、果たすべきミッションを見出すことです。

そして、自分と向き合う試みは定年を迎える前、人生のできるだけ早い段階で行ってほしいと僕は思います。

それによって、その後の人生のあり方が大きく変わるからです。

僕は2022年6月1日、57歳のときに、26年間近く宇宙飛行士として所属していたJAXAを退職しました。
定年を待たずに退職することを決めたのは、もちろん「後進に道を譲りたい」という気持ちもありましたが、

「JAXAにいて次の飛行ができる可能性は限りなく0に近い」
「まだ自分の中に燃料が残っているうちに、民間や世界など、もっと広い世界に出て行って、もう一度もまれたほうがいい」

と思ったからでもありました。

人間の気力や体力は、年齢を重ねるにつれ、どうしても失われていきます。
56歳から60歳までの5年間と、61歳から65歳までの5年間では、同じ時間であっても、できることは大きく異なります。

1
2
3
4

同じ職場の何歳か上の先輩方の中には、定年を迎えると同時にそれまでのキャリアや人間関係など、組織のさまざまなつながりを一気に切られ、苦労している人もいました。

その様子を目の当たりにして、そして何よりも、自分自身が40代後半から50代後半にかけて苦しんだ経験を踏まえて、「60歳を迎える前に、自分で組織のつながりを断ち切り、自分一人でアイデンティティを築けるようにしておかないと、自分が宙ぶらりんになってしまう」という危機感を抱いたのです。

組織の中で活躍していた人ほど、自分のアイデンティティを見失いやすい

ちなみに、2022年3月、JAXAを退職する2か月ほど前に、一足早くNASAとの契約が終了しました。

NASAでお世話になった時間が長かったため、「この建物に入るのも、このメールアドレスを使うのも、今日で最後か」と、感慨深い気持ちになったものです。

組織への帰属意識がさほどなかった僕でもそうだったので、長く同じ会社で働いていた人の多くは、退職する際、自分の居場所、デスク、名刺、メールアドレスなどを失うことに、少なからぬ寂寥感や喪失感を覚えるのではないでしょうか。

特に、組織の中で活躍していた人ほど、組織から切り離され、ポジションを失ったときや、自分がいたポジションに別の誰かが入っているのを目の当たりにしたとき、自分のアイデンティティを見失いがちです。

たとえば、僕の知人に、ある会社の役員にまで昇りつめた人がいました。

彼はある部門のトップに君臨し、「シンパ」「チルドレン」と呼ばれるような部下もたくさんいました。

ところが、定年を迎えると、彼に試練が襲いかかりました。

彼は、たしかにその会社のその部門においては実績を積み重ねていましたが、役員を3期、4期と続けた彼は敬遠され、なかなか再就職が決まらなかったのです。

さらに、彼自身、全力で取り組んできたその仕事から離れると、自分が何をしたいのかわからなくなってしまいました。

定年後の彼は、たまに元の職場に顔を出しては、かつての部下たちから煙たがられているそうです。

ほかにも、定年後、再雇用制度を利用し、新人とデスクを並べて仕事をしたものの、日々の仕事につまらなさを感じ、一年で離職してしまった人もいます。

長年勤めた会社から離れるのは、
無重力空間に放り出されるようなもの

また、僕はＪＡＸＡを辞めた後、雇用保険の手続きのために、何度か地域のハローワークに行ったことがあります。

そのとき、ハローワークの職員の方とのやりとりや、ハローワークに来ている人たちの様子を見て強く感じたのが、

「定年を迎えると、人はいきなりアイデンティティや人間関係など、組織とのつながりを切られる」

「組織とのつながりが切れたとたん、人は『自分は何者なのか』『何がしたいのか』『何ができるのか』をシビアに問われるようになる」

ということでした。

一つの会社で長く働いている人に、「自己紹介をしてください」というと、「大学を卒業した後、A社のB部に配属され、32歳からはC部に配属し……」といった具合に、その会社での職歴を話す人が少なくありません。

自分の経歴＝会社の職歴になってしまっているわけですが、社会的には、それは「22歳から60歳までA社に在籍」の一行で終わってしまいます。

でも、組織を離れると、最終的な役職など関係なく、年齢や性別、学歴、体力、技術の有無などによって「何ができるか」を冷徹に評価されるようになります。

あるいは、組織から与えられるミッションや目標が失われ、「自分自身が何をしたいのか」を問われるようになります。

何十年も同じ場所に通い、仕事をし続けていた人が、ある日を境に「もう来なくていい」と言われること。

それは、いきなり無重力空間に放り出されるようなものかもしれません。

人生は有限。惰性で過ごしていい時間は一つもない

21世紀に入ったころから、日本企業のあり方が変わってきました。

それまでは終身雇用制を前提に、「一つの会社に勤め、会社が用意したキャリアパスに乗って出世し、定年を迎え、多額の退職金を手にして、老後は悠々自適の生活を送る」というのが、理想的な人生の一つの形だと考えられていました。

ところが時代は変わりました。

有名企業に就職しても、安泰な人生が約束されるわけではなくなってきたのです。途中で子会社への転籍を求められたり、定年を前に退職を余儀なくされたりすることもしばしばあります。

さらに言うと、定年まで働けたとしても、それで「勝ち抜け」とは言えません。人生百年時代に入り、定年後の人生も長く続く。そこまで考えないとダメな時代になってきたのです。

おそらく大半の人は、定年退職後、60~65歳の5年間を、何となく「年金をもらうまでのつなぎの期間」と考えているのではないかと思います。

そのため、定年前より大幅に収入は減ってしまうものの、再雇用制度を利用し、同じ会社で働くことを望む人も多いでしょう。

しかしそれは、組織とのつながりが切られる瞬間を、ただ先延ばしにしているだけにすぎません。

再雇用制度を利用している間に、少しずつ組織とのつながりが薄くなり、自分と

1
2
3
4

向き合うことができればよいのですが、ほとんどの人は、慣れた環境で働けることに安心し、やがて組織とのつながりが切られることに気づいていません。

そのため、再雇用期間が終わったとき、より深い苦しみや悩みに直面することになります。

東京発の東海道新幹線にたとえると、人生を「新大阪駅くらいまで」と考え、60～65歳を「新大阪駅手前の京都駅」くらいにとらえている人が多いかもしれませんが、実際には人生は博多駅まで続きます。

60～65歳をいかに過ごすかによって、博多駅までの長い道中が快適に過ごせるかどうかが決まるのです。

60歳までの自分と60歳以降の自分はまったく違う。

そのことに気づかないまま60歳を迎えるのは非常に危険です。

もちろんこれは、今の50代や60代に限った話でも、定年に限った話でもありません。

人生の転換期はいつ訪れるかわかりません。

いきなり組織とのつながりを切られ、自分のアイデンティティも、生きる方向性も目標も見失ってしまうことは、会社というシステムに乗っている限り、いつでも、誰にでも起こりえます。

「かつて教えられていたキャリアパスがなくなった」ことを受け入れたうえで、組織や他者から離れた自分を想像し、「自分は何が好きか」「自分には何ができるか」「自分が何を大事にしているか」をしっかり考えておくこと。

それはあらゆる世代の人にとって、組織を離れた後の時間を有意義に過ごすため、自分らしく充足した人生を送るために必要なことです。

人生は有限であり、60~65歳に限らず、人生には、惰性で過ごしていい時間はないのです。

コロンビア号の事故が教えてくれた、死はある日突然訪れるが、それまでは自分の命は自分で動かすことができるのだということ

宇宙飛行士として訓練中に、そしてフライト中に体験したさまざまな出来事は、僕にたくさんの大事なことを教えてくれました。

中でも衝撃が大きかった出来事の一つが、最初のフライトの2年前、2003年2月1日に起きた、アメリカのスペースシャトル「コロンビア号」の事故です。コロンビア号は28回目のフライトを終え、地球に帰還する途中でしたが、打ち上げ直後に断熱材の一部が破損していたため、大気圏に再突入する際、テキサス州とルイジアナ州の上空で空中分解してしまったのです。

この事故で犠牲になった7名の宇宙飛行士のうちの3人は、僕の同期生でした。つい最近まで、隣の机で一緒に勉強をしたり、仕事をしたりしていた人が、キャリアの絶頂期に、理不尽に命を奪われてしまう。

訓練期間中にそのようなつらい経験をしたことや、宇宙で、死と隣り合わせの状態で船外活動を行ったことにより、僕は「宇宙飛行士という仕事が生と死の狭間にある」ことを痛感しました。

それと同時に、強く思ったのが、「死が来るまでは極力自由に生きていたい」「天寿を全うするその日まで、自分の人生は自分で動かすことができる」「朝起きて、まだ死んでいないということは、意思を持って生きられる何よりの証だ」ということでした。

他者の価値観や評価から離れ、自分一人でアイデンティティを築き、どう生きるかの方向性や目標、果たすべきミッションを自分で見出すこと。

それはまさに、自分の命を他者にまかせず、自分で考え行動すること、主体的に生きることそのものであるといえるでしょう。

1
2
3
4

06

How to live

自分という物語に、どう客観的に向き合うか

自分の物語を見つめ直すと、考え方の癖や思い込みに気づく

当事者研究に参加し、学んだことの一つが「ナラティブ・アプローチ」でした。「ナラティブ」とは「物語」や「語り」という意味であり、「ナラティブ・アプローチ」は、当事者が語る物語を通して、その人にあった問題の解決法を見出そうとするものです。

僕たちは日々、さまざまな感情を抱いて生きていますが、その背景には必ず自分なりの物語があります。

しかし、当事者が語る物語には、受けてきた教育や置かれた環境などによって知らず知らずのうちに身についた「考え方の癖」が色濃く反映され、事実とは異なる思い込みなどが含まれています。

ナラティブ・アプローチでは、そうした物語を客観的に見つめ直し、考え方の癖

や思い込みなどに気づき、物語に別の意味づけをしていったり、その人が本当に望む物語に書き換えていったりするわけです。

たとえば、僕が「自分は必要とされていない」「自分の存在意義は何なのか」と思うようになった主な原因は、周囲の人からの扱われ方が変化したこと、僕以外の宇宙飛行士が脚光や称賛を浴びる様子を目の当たりにしたり、他者と自分とを比べたりしたことにありました。

でも、「他者から必要とされ、評価されないと、自分が存在する意味がない」「記録や実績を他者に更新されたら、自分のしたことには意味がない」というのも、僕の考え方の癖であり、事実とは異なる思い込みです。

実際には、他者から必要とされなくても、評価されなくても、僕という人間には固有の価値があり、記録や実績を他者に更新されても、僕が達成したミッションにはちゃんと意味があります。

ナラティブ・アプローチによって、僕はようやく他者の評価や価値観から離れ、自分という人間や自分の過去の価値を自分で見出し、自分が何を思い、何に苦しんでいるかを客観的に理解することができたのです。

自分の感情と向き合うことが苦手な日本人男性

ただ、自分の感情や物語と向き合ったり、それらを表現したりすることが苦手な人は少なくありません。

特に日本人男性は、日本人女性と比べても海外の人と比べても、より苦手な人が多いといえるでしょう。

僕はこれまで、さまざまな国の人と一緒に仕事をしてきましたが、たとえばアメリカの人は、女性であれ男性であれ、感情を明確に出す人が多いように感じました。

仕事をしていても、彼らは「今日は気分が乗らないんだよね」といったことを素直に口にします。

2週間程度のフライトならともかく、宇宙に半年間滞在していると、当然調子のいい日もあれば悪い日もあります。

ずっとフラットな状態を維持するほうが不自然だといえるでしょう。

そして、自分の感情や心身の状態をはっきり伝えてくれたほうが、周りもケアやサポートをしやすいため、結果として本人も無理をしなくて済むし、仕事もうまくまわります。

ところが、「人前で、あまり感情をあらわにしないのが大人というものだ」という価値観が根強く残っている日本の企業社会では、感情を出すことがネガティブにとらえられ、365日、フラットな状態を維持することを求められがちです。

会社で激高したり泣いたりすれば、「未熟で子どもっぽい人」「わがままな人」「他人を振り回す人」と評価されてしまうでしょうし、「今日は気分が乗らない」などといえば、「不真面目だ」「気合を入れろ」と怒られるかもしれません。

そのため、理不尽な目に遭い、苦しみや悲しみを感じても表に出すことができない人が多いのですが、感情を出さないようにしていると、自分の本当の感情と向き合うことがどんどん難しくなってしまいます。

本当は、嬉しいときでも悲しいときでも、感情をありのままに出せる人のほうがはるかに楽に生きられるし、たとえ心や体の調子が悪くなったとしても、早くそれに気づき、対処することができます。

自分の心身が限界を迎えていることに気づいていなかったり、「もうダメです」「倒れそうです」と周りの人に言えなかったりしたために、過労死や過労による自殺が起こった、支援が遅れた、というケースは多いのではないでしょうか。

多様性が進めば、アイデンティティを自分で築くことにもつながる

僕は、日本社会でダイバーシティが進む必要性を感じています。

ダイバーシティの推進は、もちろん女性やさまざまなマイノリティの方々にとって大事なことですが、同時に、男性のためにも大事だと考えるからです。

1
2
3
4

よく「日本人男性には、海外の人とコミュニケーションをとることが苦手な人が多い」「定年退職した後、家族や地域社会とうまく関わることができない人が多い」と言われますが、僕はこれまで、国際社会で能力を発揮できない日本人男性をたくさん見てきました。

その一つの理由として、彼らが自分の感情や物語をスッと出して他者と交流することに慣れていないことが挙げられるでしょう。

しかし、組織の中に、海外の人や女性など、感情を出すのが得意な人たちが増えることによって、自然と日本人男性も自分の感情と向き合ったり、感情を表現したりすることができるようになるのではないかと思うのです。

どの国、どの地域、どの組織にも特有の文化があり、いろいろな社会的活動がその中だけで閉じているなら、多様性などはそれほど必要ないかもしれません。

日本も、ある時期までは終身雇用制が機能し、多くの会社員は一つの会社で働き続け、自分の人生に満足してこの世を去ることができました。

しかし、今はグローバル化が進んで人材の流動性が高まっているし、「人生百年時代」と言われるようになり、定年退職した後もまだまだ人生は続きます。

これからの時代は、今までの日本社会の物差し、日本の企業の物差しだけで生き続けるのは困難なのです。

自分の感情や、そのベースとなっている物語を語ることができる。

他者から与えられる承認や価値に頼らず、「自分はこういう人間である」と言える。

多様性が進み、異なる価値観や性質を持つ人同士が刺激し合った結果、そのような人が増えていけば、今後、自分ときちんと向き合い、自分一人で自分のアイデンティティや価値を決め、人生の目標やミッションを見出し、組織を離れても前を向いて生きられる人が増えていくのではないかと、僕は考えています。

1
2
3
4

第 2 章

後悔なく生きるために大事にすべきこと

07

How to live

自分自身で アイデンティティを築く 3つのステップ

苦しみを経てわかった、自分一人でアイデンティティを築くために必要なこと

第1章では、僕自身の体験を通して、「他者の価値観や評価、他者から与えられた目標や役割から離れ、自分一人で自分のアイデンティティを築き、どう生きるかの方向性や目標、果たすべきミッションを見出すこと」の大切さについてお話ししてきました。

第2章では、そのためには何をすればよいのか、自分らしい人生を送るために必要なことは何か、といったことについてお話ししたいと思います。

まず、他者の価値観や評価、他者から与えられた目標や役割から離れ、自分一人で自分のアイデンティティを築く方法について考えてみましょう。

1
2
3
4

2回目のフライトの後、アイデンティティや目標を見失い、もがき苦しむ中で、当事者研究に参加し、自分と向き合い、僕は少しずつ「自分は何者であるか」を自分の言葉で語れるようになりました。

その経験を踏まえてわかったのは、他者の価値観や評価、他者から与えられた目標や役割から離れたとき、自分のアイデンティティの核となり、人生の方向性や目標、果たすべきミッションを見出す手がかりとなるのは、

- 自分は何が好きか
- 自分には何ができるか
- 自分は何を大事にしているか

の3つだということ、そして自分一人で自分のアイデンティティを築くためには、次の3つのステップが必要だということです。

ステップ1　「自分の価値と存在意義」を自分で決める
ステップ2　自分の棚卸《たなおろ》しをし、最後に残るものを見極める
ステップ3　これまでの選択、人生に意味づけをする

それぞれのステップについては、次項以降で詳しくお話しします。

一人ひとりの命が地球と同じだけの質量と価値を持っている

なお、アイデンティティについて考える前に、みなさんに知っておいてほしいことがあります。

それは、みなさん一人ひとりの存在、一人ひとりの命がかけがえのないものであり、地球と同じだけの質量と価値を持っているということです。

最初のフライトで、初めて船外活動を行い、地球と一対一で向き合ってわかった

1
2
3
4

ことが、いくつかありました。

僕が今まで、宇宙について、地球について、命について、何もわかっていなかったということ。

果てしなく漆黒の闇が広がる、命の気配のない宇宙空間で、地球は命を感じさせる唯一の存在だったということ。

地球と、普段地球によって生かされている僕は、互いに一つずつ命を持っていることに変わりなく、広大な宇宙から見ると、そこに優劣はないということ。

みなさんの中には、もしかしたら今、「自分には価値がない」と感じている人がいるかもしれません。

もしくはいつか「自分には価値がない」という思いにとらわれることがあるかもしれません。

その場合は目を閉じて、音のない真っ暗な宇宙空間と、宇宙服を着て浮かぶ自分自身と、美しく輝きながら動いている地球を思い浮かべてみてください。

そして、ぜひ地球と、一対一の命を持つ者同士として向き合ってみてください。

自分の存在、自分の命には無条件に価値がある。

そう実感することは、他者の評価、相対評価に頼らず、自分自身で、絶対評価に基づいてアイデンティティや価値を決めるための第一歩だと僕は思います。

1
2
3
4

08

How to live

ステップ1

「自分の価値と存在意義」を自分で決める

他者の評価がすべてだと思ってしまうと、行き詰まるときが来る

自分一人でアイデンティティを築くためにまず大事なのは、過去の自分の価値観を見直し、「自分の価値と存在意義は自分で決められる」と理解することです。

僕たちは子どものころから社会の中で生き、相対評価にさらされ、知らず知らずのうちに他者の価値観や評価、他者との関係性、他者から与えられた役割などによって自分の価値をはかり、アイデンティティを築き、他者から与えられた目標に向かって努力するよう教育されています。

親や教師など、大人たちの言いつけに素直に従ったり、周りの人の役に立つようなことをしたりして褒められる。

試験やスポーツ、仕事などで競争に勝ち、いい成績をおさめ、称賛される。

できるだけ多くのお金を稼ぎ、豊かな生活を送り、人からうらやましがられる。こうした体験によって承認欲求が満たされると、人はどんどん「他者から認められ、褒められ、うらやましがられること」に価値を置くようになります。

そして、評価されること、競争に勝つこと、他者から求められること、社会や他者の役に立つことなどに、自分の価値や生きる目的を見出すようになります。

人間が社会的な生き物であり、他者と関わって生きている以上、当然のこと、仕方のないことでもありますが、他者が与えてくれるものだけに基づいて自分のアイデンティティを築き、自分の価値を感じ、人生の目標やミッションを定めてしまうと、人はいつまでも自分自身と向き合うことができず、自分が本当はどんな人間なのか、本当に果たすべきミッションが何なのかを知ることができず、いつか必ず行き詰まりを感じるときがやってきます。

他者から与えられたものは、いつか失われる

僕は高校生のときに、「宇宙飛行士になりたい」「宇宙へ行ってみたい」という目標、夢を持ち、そのために全力を注いできました。

「少しでも宇宙に近い仕事をしたい」と、受験勉強をして大学の工学部航空学科に進学し、さらに大学院へ行ったのち、ロケットの開発などもしていた会社に就職し、航空技術者になりました。

宇宙飛行士候補に選ばれてからは、いつか宇宙へ行く日に向けて、仲間たちと厳しい訓練を重ね、フライト中は組織から与えられたミッションに必死で取り組み、帰還後は世間の人たちから期待される宇宙飛行士像を演じてきました。

宇宙飛行士として訓練をしているときやフライト中の自分の写真を見ると、おどおどしたところがまったくなく、自信に満ちた表情をしています。

当時、強制的に自分の思考をポジティブな方向に持って行っていたせいでもありますが、「自分は今、全人類の期待を背負って頑張っている」「世間の人たちが抱いている『宇宙飛行士はこういう人だ』というイメージに応えなければ」と思い、無意識のうちにそのようなふるまいをしていた部分もありました。

それは、気負っている状態であるともいえますが、ラクな状態でもありました。期待に応えていれば、達成感が味わえ、尊敬され、称賛を得られるからです。

しかし、フライトを終えてしばらくすると、世間の人たちの関心はほかに移り、背負うものも、期待されるものも、何もなくなってしまいます。

加えて、2回目のフライト後は、自分でも「やるべきことはすべてやった」「さまざまな記録を達成した」という思いがあり、それゆえに次の目標を見失い、さらにその記録がほかの人によって塗り替えられたことで、大きな寂寥感や喪失感を覚えるようになりました。

その結果、「自分は何者なのか」「これから何をすればいいのか」「どう生きていけばいいのか」がわからなくなり、何もやる気が起きなくなってしまったのです。

「夢を叶えた人間が、何を言っているのか」「贅沢《ぜいたく》な悩みだ」と思う人もいるかもしれませんが、僕にとって、それは大変な苦しみでした。

自分が納得して得たものは、誰からも侵食されず、奪われることもない

苦しんだ末にわかったのが、「自分は何者なのか、自分がどういう人間でありたいか、自分は何をしたいのか、自分が果たすべきミッションは何か、といったことは自分で決められる」ということでした。

それまでの僕は、常に相対評価の中で生き、宇宙飛行士になるために、あるいは宇宙飛行士として、他者から与えられた目標やミッションを達成すること、他者の期待に応えることを当たり前だと思っていました。

でも、他者から与えられるものがいったんなくなった後、10年かかってようやく、

1
2
3
4

「自分がどのような存在で、何を大切にし、どう生きていくかは、『他者からどう評価されるか』『実現できるかできないか』といったこととは関係なく、自分一人で決めていい」

「無理に、他者から期待される理想像を追い求める必要はないし、自分と他者を比べ、優越感や劣等感を抱いても意味はない」

と気づきました。

そして、「自分はどういう人間で、何が好きで、何が大事で、何ができるのか」「宇宙飛行士になり、宇宙に行ったうえで、自分自身はどうしたいのか、どうなりたいのか」を考えられるようになり、宇宙に行ったことも一つの経験としてフラットに、かつ肯定的に受け止められるようになったのです。

「他者から褒められるかどうか」「社会から認められるかどうか」を気にしたり、ありのままの自分を受け入れられない状態で自分の物語を眺めたりしているうちは、なかなか自分一人で自分のアイデンティティを築くことはできません。

ですから、みなさんにはまず、「自分の価値と存在意義は自分で決められる」ということを理解していただきたいと思っています。

それは、長い間他者の価値観や評価、他者との関係性、他者から与えられる役割や目標をベースに生きていた人にとっては、非常に難しいことかもしれません。

しかし、自分一人でアイデンティティを築き、他者の評価とは関係なく好きなこと、できること、大事なことを見出し、「自分はこうありたい」といった、向かうべき目標や果たすべきミッションが見つかれば、一時的に他者とのつながりが切られたり、他者から目標や役割、評価などが得られなくなったりしても、自分自身を頼りに、前を向いて歩いていくことができます。

自分が納得して得たものは、誰からも侵食されず、奪われることもないのです。

09

How to live

ステップ2

自分の棚卸しをし、最後に残るものを見極める

棚卸しをし、残ったものがあなたの核になる

自分一人で自分のアイデンティティを築くうえで、次に大事なのは、自分の棚卸しをすることです。

ちなみに、自分の棚卸しをするというのは、社会的な地位や役割、収入、他者との関係性、他者の評価など、それまでの自分にとってもっとも大事だと思っているもの、それまでの自分のアイデンティティを形成していた「他者から与えられたもの」からいったん離れることです。

他者から与えられたものは、必ずいつか失われていきます。

仕事によって得た地位や役割、収入、人間関係、評価などは、多くの場合、定年を迎えたり退職したりすると同時にリセットされますし、それ以外の人間関係や評価などに関しても、永遠に変わらないということはありえません。

しかし、人間には正常性バイアス（危険が訪れる兆候があっても、「大したことではない」ととらえてしまう人間心理のこと）が働くため、「他者から与えられたもののみに基づいてアイデンティティを築いてしまうと、いずれ困る日がやってくる」とわかっていても、なかなか現状を変えることができません。

だからこそ、本当に他者から与えられるものが失われ、困ってしまう前に、一度自分自身で棚卸しをしておく必要があるのです。

他者から与えられたものをすべて失っても、自分の中に残るものは必ずあります。それこそが、自分一人でアイデンティティを築く際に核となるもの、どのような状況になろうともあなたが生きていくうえで支えとなるものであり、あなたが本当に大切に思うもの、あなたにとって絶対に譲れないものであるはずです。

燃え尽き症候群に陥ったカーリングの吉田知那美選手

熊谷研究室の当事者研究の一環で、カーリング女子日本代表の吉田知那美選手と対談したときに聞いた話は、非常に興味深いものでした。

カーリングが盛んな北海道北見市で生まれ育った吉田選手は、中学時代から日本選手権で活躍し、高校卒業後はカナダ留学を経て北海道銀行に入行し、カーリングチーム「北海道銀行フォルティウス」に加入。

同チームは２０１４年のソチ冬季五輪の日本代表チームとなり、５位入賞を果たしました。

ところがオリンピックが終わり帰国した直後、吉田選手は所属していた北海道銀行フォルティウスから戦力外通告を受けてしまいます。

称賛の世界から、突然、無視の世界へ。

カーリング一筋に生きてきた吉田選手は大きなショックを受け、チームだけではなく、勤めていた銀行も退職。

カーリングから離れようと北海道から飛び出し、各地を放浪してまわりました。

戦力外通告を受けてから4か月後。

放浪の結果、「それでも自分はカーリングを続けたい」と実家に戻った吉田選手に声をかけたのは、北見市を拠点とするカーリングチーム「ロコ・ソラーレ」の設立者である本橋麻里選手でした。

「女性アスリートは結婚や出産がマイナスに考えられがちだけど、夢をいつ叶えるか、その順番は自分で決める。このチームはそれでいい」という本橋選手の言葉に励まされ、カーリングに全力を注ぐのではなく、「人生の中にカーリングがある」と考えるようになった吉田選手は、ロコ・ソラーレに所属。

弱さや弱点を「個性」と呼んでくれる本橋選手のもとで、弱い自分をも隠さずにカーリングを楽しむことができるようになりました。

同チームは、2018年の平昌冬季五輪で銅メダル、2022年の北京冬季五輪で銀メダルを獲得し、2023年にはアジアのカーリングチームで初めてグランドスラム優勝を飾るなど、大活躍しています。

「カーリング選手である」という社会的な役割や自分の居場所をいったん奪われたにもかかわらず、最終的に吉田選手に残ったのは、「それでもカーリングを続けたい」という思いでした。

地位や評価、居場所、収入などのためではなく、自分のアイデンティティの核となるもの、自分が本当にやりたいことがカーリングだった。

他者から与えられたものを失い、自分の棚卸しを余儀なくされて初めて、吉田選手はそのことに気づいたのです。

棚卸しをした後に残るもの。

それは「自分自身の、本当の想い」だといえるかもしれません。

棚卸しをし、丸腰になったときにこそ、
本当に大事なことが見えてくる

僕は、人生は宇宙へ行く体験に少し似ている気がします。

「宇宙へ行く」というと、多くの人は「未知のこと、楽しいことをたくさん体験できる」と思うかもしれませんが、僕は、宇宙に行くことの本質は、引き算の世界を体験することにあると考えています。

スペースシャトルに乗って宇宙へ飛び立つと、地上で当たり前に手にしていたものがどんどん失われていくからです。

まず、家族や友人と会えなくなります。

次に、太陽や宇宙線から自分の身を守ってくれる、地球の大気層がなくなります。宇宙には空気がないため音も聞こえなくなり、宇宙服を着て宇宙船の外に出ると、触覚が失われます。

夜になると真っ暗闇になるため、視覚も失われます。

とにかく、五感を含め、さまざまなものが奪われていくのです。

しかしそこで初めて気づくこともたくさんあります。

同様に、多くの人は年齢を重ねると、社会での地位や役割、収入、仕事やプライベートの人間関係など、それまで当たり前のように手にしていたものを少しずつ失っていきます。

その後で自分の中に残るもの、「自分は何が好きで、何を大事に思っていて、何ができるか」に気づくこと。

これが自分の棚卸しをすることであり、本当に自分らしい人生は、そこからスタートするのではないかと僕は思います。


1970年4月、アメリカ合衆国の3度目の有人月面飛行のため打ち上げられたロケット「アポロ13号」は、途中で酸素タンクが爆発し、電力と水の不足に見舞われ、地球への帰還さえ難しい状況に陥りました。

しかし、あらゆる可能性が絶たれた中、唯一利用できた月着陸船の降下用エンジンを使って、ロケットの軌道を修正することで、ミッションは果たせなかったものの、全員が無事に地球に生還することができました。


人生においても、環境の変化や何らかの危機が訪れた場合、そのときに自分が

1
2
3
4

持っているものをなんとか活用して対処するしかありません。

棚卸しをし、「自分が持っているもの」を把握しておくことは、「いざというとき」に備えることでもあるのです。

棚卸しをすることは、自分の弱さを受け入れることでもある

なお、自分の棚卸しをすることは、自分の弱さを受け入れ、あるがままの自分を肯定することにもつながっていると僕は思っています。

他者から何らかの役割や目標を与えられているときや相対評価の中で生きているとき、人はなかなか自分の弱さを受け入れ、開示することができません。

弱さを見せることは、社会における自分の価値を下げること、存在意義を失うことだと考えてしまうからです。

そのため、「強くなければ価値がない」「強くなければ存在意義がない」と思い込み、誰にも頼らず一人で頑張り、バランスを崩してしまう人は少なくありません。

でも、人間はみな、そもそも弱さを持ち合わせている生き物であり、弱さも含めて存在する意味があります。

弱さを受け入れ、開示できるようになることは、他者の価値観や評価、与えられた役割から自由になることでもあるのです。

また、どん底に叩き落されたとき、弱っているときにこそ、本当に大事なこと、やりたいこと、目指すものが見えてくることがあります。

調子がいいとき、うまくいっているときには、気づかなかったことに気づいたり、「当たり前だ」と思っていたことの価値があらためてわかったりするからです。

自分の弱さを認めたうえで、それでも譲れないと思えるもの、弱さを開示し合ってもなお支え合える相手こそ、あなたにとって本当に大事な存在であるといえるでしょう。

10

How to live

ステップ3

これまでの選択、人生に意味づけをする

自分だけの経験こそ唯一無二であり、絶対的な価値がある

「自分の価値と存在意義は自分で決められる」ことを理解し、自分の棚卸しを行ったら、次に行うべきことは、これまでの選択や人生に意味づけをすること、自分自身や自分の経験を絶対評価によってとらえ直すことです。

ナラティブ・アプローチについては第1章でお伝えしましたが、他者の評価や相対的な評価から離れ、絶対評価に基づいて自分の物語に意味づけをしていくことで、自分自身を肯定し、アイデンティティを自分で築き、自分の価値や人生の目標、果たすべきミッションを見出すことができるようになります。

「これまでの選択や人生に意味づけをする」「自分自身や自分の経験を絶対評価によってとらえ直す」とはどういうことか。

たとえば、僕は以前、ほかの宇宙飛行士たちの存在や記録、宇宙との向き合い方

などと自分とを比べて、「自分はもう必要とされていない」「自分は未熟だ」と自分を否定したり、劣等感にさいなまれたりしていました。

そうした苦しみは、僕が他者からの評価や他者との比較によって、自分自身や自分の経験を評価していたために生まれたものでした。

でも実際には、僕が3回宇宙へ行き、体験したことは、僕だけのものであり、唯一無二のものです。

「宇宙から見た地球は美しい」と何千人が言おうと、僕の「宇宙から見た地球は美しい」という言葉に嘘はなく、誰とも比べる必要がなく価値がある言葉なのです。

自分で意味づけをした経験が、
生きていくうえでの安心材料となる

そして、おそらく一人ひとりの人生に、こうした「絶対的な価値があること」が数多く存在しているはずです。

みなさんも、ぜひ今までの人生やさまざまな選択を思い返し、別の角度から見つめ直してください。

試験の結果とは関係なく、試験に向けて勉強する中で楽しかったこと、身についた知識などはありませんでしたか？

仕事の結果とは関係なく、そこに取り組む中で考え抜いたことや、得られた技術はありませんでしたか？

育児をする中で学んだこと、楽しかったことはありませんでしたか？

それらはいずれも、誰にも奪われず更新もされず失うこともない、あなただけの唯一無二の体験です。

そしてそれらこそが、あなたをあなたたらしめるもの、あなたの人生やあなたの存在に価値や意味を与えるものであり、今後あなたが生きていくうえでの安心材料となるものなのです。

意味づけをする際に必要な、「社会的価値」という判断基準

人生に意味づけをする際に必要なのが、「社会的価値」という目線です。

社会的価値とは、「社会や組織に評価されるか」「他者に称賛されるか」といった、「他者から与えられる価値」のことではありません。

「自分がやってきたこと、やっていることが、自分たちや次の世代の人たちの未来にとってプラスになるか」「社会問題を解決する方向につながっているか」を自分自身で考え、判断することです。

社会的価値があるかどうかを判断するようになると、人生の意味づけができるだけでなく、今やっていること、これからやろうと思っていることの中から、本当にやるべきこと、やりがいが感じられることを選択できるようになり、人生の満足度が高まるはずです。

人生に意味づけをすること。

それは、「内省すること」だと言ってもいいかもしれません。

人が前に進むためには、立ち止まり内省する時間が必要です。

しかし、忙しすぎると内省することができず、自分自身の判断基準を持つことができず、他者の価値観や評価、他者から与えられた目標などに振り回されて人生を終えることになってしまいます。

僕は、最初のフライトの後はあまりに忙しく、内省することができませんでした。

2回目のフライトの後でようやく内省する時間がとれたものの、そこで自分の人生の意味づけができないことに気づき、10年間悩むことになったのです。


もし、社会的価値があるかどうかを判断できないという人は、一度、次項でお話しするような「サバイバル体験」をしてみるといいかもしれません。

大自然の中で、自分自身や自分の命と向き合うことで、人は本当に大切なもの、自分が生き延びるために必要なものに気づくことができるからです。

11

How to live

人は、生死の瀬戸際に立つと生への欲望が生まれる

生への欲望を強く感じた、フライト中の3つの瞬間

「自分はこのままでいいのだろうか」という思いがありながらも「何をすればいいかわからない」「自分と向き合う自信が持てない」という人、「自分が本当にやるべきことが見えてきたけれど、新しい一歩を踏み出す気力がわかない」という人は、サバイバル体験をしてみるといいかもしれません。

人は生死の瀬戸際に立つと、普段はあまり気に留めていなかった「生」を強く意識するようになり、「生きたい」という欲望がはっきりと生まれるからです。

宇宙へのフライトに危険はつきものですが、僕がフライト中、特に強く生を意識し、生き延びたいという欲求を抱いた瞬間は3つありました。

一つは、打ち上げの瞬間。

エンジンに火がついて燃料が燃え、打ち上がるまでの8分間は、フライトにおけるもっとも危険な時間の一つであり、クルー全員がすべての雑念をシャットアウト

1
2
3
4

し、打ち上げを成功させ、生き延びることだけに集中します。

次に「生」を意識するのは、船外活動の6時間。

船外活動中は、何らかのアクシデントでヘルメットが割れても、宇宙服の手袋のつなぎ目に小さなすき間があっても、命綱が切れても、命が危険にさらされます。

船外活動の最大の目的は、「6時間後に、パートナーと一緒に生きて宇宙船に帰還する」ことであり、やはり生き延びることへの欲求が強くなります。

そして最後に、地球に帰還する瞬間。

コロンビア号空中分解事故が起こったのは、ケネディ宇宙センターへの帰還中、大気圏に再突入する瞬間であり、僕はフライトのたびに「地面に着くまでは何が起こるかわからない」「無事に生きて帰還したい」と考えるようになりました。

日常から離れてサバイバル体験をすることで、生きる欲望と自信がわく

ただ、この平和な現代日本社会に暮らしていると、生死の瀬戸際に立たされるよ

うな瞬間はめったに訪れないでしょう。

もちろん、それは素晴らしいことですが、一方で、生を意識する機会があまりなく、生き延びることへの欲求が薄くなっている人が少なくないと感じます。

そして、生き延びることへの欲求が薄くなっていることが、「会社にアイデンティティを決めさせてしまう」「自分がどう生きればいいか、わからなくなる」といったことにもつながっているように思います。


では日本、特に都会に暮らしている人が、生死の瀬戸際に立たないまでも、生を意識できる瞬間をつくるにはどうしたらいいのか。

僕は、ほんの少し日常のルーティーンから離れ、キャンプサイトや森林、離島などで、できれば一週間以上、やや長期の野外体験をしてみることをおすすめします。

電波の届かないところで、スマホやパソコンから離れ、ひたすら「食事を作る」「水を調達する」「自然の中で眠る」という体験をし、普段の生活ではなかなか味わうことのない不便さと危険を感じる。

それだけで、都会にいるときよりもはるかに生を意識するようになり、自分自身と深く向き合ったり、生きることへの欲求が高まったりするはずです。

サバイバル体験に関しては、僕がよくお世話になっている岡田武史さん（元サッカー日本代表監督、FC今治）からうかがった話が忘れられません。

ご自身がボーイスカウト経験者である岡田さんは、教育事業として無人島での子どもサバイバルキャンプを主宰していますが、生死の境を体感すると、子どもたちが見違えるように成長して主体的に動くようになるそうです。

岡田さんの言葉を借りると、「DNAに喝《かつ》が入る」ということで、生死の境というか、自分の限界を見ることは大事だと、その話を聞いてあらためて思いました。

生を意識し、生きる欲望がわくと、自信もわいてくるはずです。

それは、「自分は今、生きている」「自分は唯一無二の存在である」「自分の命にも、この世界で共に生きている命にも価値がある」という実感からもたらされる非常に根源的な自信であり、他者や社会から与えてもらった評価や価値、存在意義に基づく自信とはまったく異なります。

その自信を手にすることができれば、自分のアイデンティティを自分で築くことは、はるかに容易になるでしょう。

現代社会においては、長年勤めた会社を退職・転職することも、かなりのサバイバル体験だといえるかもしれません。

それまでのキャリアや安定した収入、人間関係など、社会における「命綱」といえるものを断ち切ることになるからです。

そこに怖さや不安を感じ、身動きできなくなってしまう人もいるでしょう。

だからこそ、できればみなさんには一度、サバイバルの疑似体験をしておいてほしいと思っています。

そこで怖さや不安を克服したという経験は、退職・転職などに伴う怖さや不安の克服にも役に立つはずです。

12

How to live

海外では、「人間がどう生きるか」は、宗教が果たす役割

「人間はどう生きるべきか」を学ぶ機会がない現代日本人

現代日本は、生を意識しづらい社会であると同時に、アイデンティティを築くことが難しい社会であるともいえるかもしれません。

日本以外の国々では、「人間はどう生きるべきか」「どう生きることが人間として正しいか」といった価値観のベースを、キリスト教やイスラム教、仏教、ヒンズー教といった宗教が担っています。

物心ついたときから、人々は、文字の書き方や計算の仕方を学ぶのとはまったく異なる次元で、それぞれの宗教に基づいて、「人間はどう生きるべきか」について学んでいるのです。

一方で、「日本人は無宗教である」とよくいわれます。

実際には、神道、仏教、キリスト教、さらにはさまざまな新興宗教など、数多くの宗教が存在し、熱心に信仰している人もいますが、特に何らかの宗教を信仰しているという意識を持たず、「正月は神社に初詣《はつもうで》に行き、結婚式はチャペルで行い、お葬式にはお坊さんを呼ぶ」という人が大多数なのではないでしょうか。

そんな日本でも、戦前までは、儒教に基づいた「修身」などが、「人間はどう生きるべきか」のベースになっていました。

しかし戦後は、そうした価値観が軍国主義化を招く要因の一つであったとして否定され、「人間はどう生きるべきか」を学ぶ機会が失われてしまったのです。

多くの日本人が「どう生きることが幸せなのか」のロールモデルを見失っている

もちろん、僕は、宗教などを手放しで礼賛《らいさん》するつもりはありません。

宗教は、ときには自分の命を絶たせるほどの強烈な行動規範によって個人を支配しており、宗教が争いのもとになったケースは枚挙にいとまがありません。

現代の日本人は、そこまでの行動規範に縛られてはおらず、自由に生きられていますが、一方で、人生の軸となる価値観がありません。

高度成長期からバブル期ぐらいまでは、出世したくさんの給料をもらい、いわゆる「三種の神器《じんぎ》」やマイホーム、自家用車などを買い、物質的な豊かさを手に入れることが、生きる目標としてある程度機能しており、それが、会社にアイデンティティを決めさせることにつながっていたように思います。

しかし、バブル崩壊とともに、そうした価値観を疑問視する人が増えました。

つまり、今、多くの日本人が「人間はどう生きるべきか」という指針や「どう生きることが幸せなのか」というロールモデルを見失っているのです。

「自分は自分、他人は他人」という意識を強く持つ

それからもう一つ、比較的同質性が高いがゆえに同調圧力が強く、相互監視社会

1
2
3
4

化が進んでいて、個人がなかなか自由にさせてもらえない部分があるのも、日本社会の特徴の一つです。

時代が進むにつれて、自由に生きられる人が増えてきていると思っていたのですが、最近また、日本社会の同調圧力を強く感じる出来事がありました。

新型コロナウイルスの感染拡大が問題となった2020年以降、しばしば「マスク警察」「自粛警察」という言葉を見聞きしました。

政府はあくまでも、「お願い」という形でマスクの着用や外出の自粛、飲食店の営業自粛などを呼びかけていたにもかかわらず、人々がお互いに「マスクをしないのはおかしい」「自粛しないのはずるい」と指摘し合っていました。

非明文化された標準性のようなものがあり、正しさが過剰に追求され、そこから外れると「ずるい」と言われたりもする。

人と違う結果を手にすることが不公平だとされ、妬まれる。

そうした社会では、他者に合わせることを求められるため、どうしても他者の評価が気になり、他者の価値観に縛られてしまいやすくなります。

翻《ひるがえ》って、アメリカの人は他者に対する興味が薄い傾向にあります。

他者が自分と違う心情を持ち、自分と違うことをしていても、あまり気にせず、まったく知らない人に対して、自分と同じ行動規範を求めないのです。

そうした社会では、人はより強く「自分」という個を意識することになります。

アメリカのすべてがいいわけではありませんが、「自分は自分、他人は他人」という意識を強く持ち、同調圧力に流されすぎないことも、自分の人生を生きるためには大事です。

そして、幸せのロールモデルがない中で、みなさんにはぜひ、自分一人でアイデンティティを築き、目標やミッションを決め、自分らしく幸福度の高い人生を送っていただきたいと、僕は思っているのです。

1
2
3
4

13

How to live

将来への不安、怖さを自分の意思で乗り越えるには

大事なのは、怖さに負けないこと

みなさんの中には、「これから自分はどうなるんだろう」という、漠然とした不安を抱えている人がいるかもしれません。

あるいは、自分の内面と向き合った結果、「慣れ親しんだ世界から離れ、新たな一歩を踏み出したい」と思ったものの、実際に新しいことを始めたり、退職や転職をしたりすることに、ハードルの高さを感じている人がいるかもしれません。

その際、障害となっているのは、心の中にある「怖い」という感情や不安感でしょう。

サバイバル体験は、怖さや不安を乗り越える訓練になると思いますが、ここでは「怖さや不安の乗り越え方」について、別の角度から考えてみることにしましょう。

僕はしばしば「宇宙へ行ったり、船外活動をしたりするとき、怖いと思ったことはありませんか?」と尋ねられることがあります。

1
2
3
4

そのときには、「怖さを感じないことはありませんが、怖さに負けて動けなくなることがないよう、気をつけています」と答えています。

では、怖さに負けないためにはどうすればいいのか。

僕は自分の経験から、そのために必要なことは3つあると思っています。

一つ目は「怖さの正体を徹底的に突き止めること」、二つ目は「怖さを乗り越えたときに得られるものを見通すこと」、そして三つ目は「目の前のことに集中し、少しずつでも前進すること」です。

コロンビア号空中分解事故が僕に教えた怖さと不安

僕が、この3つの大切さを学んだのは、コロンビア号空中分解事故が起こったときでした。

当時、僕はNASAで、1か月後に初めてのフライトを控えていましたが、当然のことながらフライトは中止になり、事故対応に追われることになりました。

この事故は2つの怖さと不安を僕に与えました。

一つは、宇宙へ行くことへの怖さ。

もう一つは、「本当に宇宙へ行けるのだろうか」という不安です。


事故の後、NASA内部で「なるべく早く次の打ち上げを行うべきだ」という方針は決まっていましたが、なかなかそれは実行されませんでした。

いつ次の打ち上げが実行されるのか、次の打ち上げが決まったとき、搭乗するメンバーはそのままなのか、再検討されるのか。

まったく状況がわからず、僕にとっての最初のフライトが正式に決定するまで一年以上、悶々《もんもん》とする日々が続きました。


また、それまで僕たちは「宇宙に行く」という目標に向かって、ただひたすらに突き進んでいました。

フライトの危険性やリスクを頭では理解していたものの、心のどこかで、「スペースシャトルは安全だ」と思っていたのです。

1
2
3
4

ところが、事故が起き、つい最近まで一緒に宇宙を目指していた仲間が亡くなったことで、漠然とした怖さを感じるようになったのです。

怖いという気持ちは、自分にとってもっとも大事なものに関係している

そんな中で僕は、ただやみくもに「怖い」と思うのではなく、怖いと思う自分の心の中を、しっかりと眺めてみることにしました。

「幽霊の正体見たり枯れ尾花」ということわざがありますが、「怖い」と感じるものの正体がはっきりしていないと、人はよりそれを怖く感じますが、正体さえわかってしまえば、落ち着いて対処法を考えることができるようになり、たいていのことは怖くなくなります。

脳科学的にも、怖さを感じると、情動をつかさどる脳の扁桃体《へんとうたい》という部位などが活性化し、恐怖心や不安感をどんどん増幅させていきますが、思考を巡らせ、理性

をつかさどる脳の前頭前野という部位を活性化させると、扁桃体の働きが抑えられ、冷静になれるといわれています。

僕の場合、宇宙へ行くことを怖いと感じる原因となっていたのは「死ぬのが怖い」という感情でしたが、「なぜ死ぬのが怖いんだろう」と突き詰めて考えると、実は僕自身は、死ぬこと自体を、特に怖いとは思っていないことがわかりました。死ぬときは一瞬であり、その後は苦しみも痛みも感じなくなるからです。正確に言うと、僕は死ぬことを怖がっていたのではなく、「嫌だ」と思っていたのです。

そしてさらに、「死ぬことを『嫌だ』と思う原因は何か」と考えると、死ぬことによって、やりたかったことができずに終わってしまうことが悔しいのだとわかり、「自分が死んだ場合、もっともやり残したと無念に感じることは何か」と考えると、「家族と会えなくなること」「家族に苦労をかけること」だとわかりました。

怖いという気持ちは、突き詰めると、自分にとってもっとも大事なものに関係し

1
2
3
4

ていることが少なくありません。

そこまでわかれば、死に対する漠然とした恐怖心は完全に消え、「今のうちに、家族との時間を大事にしておく」「自分に生命保険をかける」「遺言書を遺しておく」など、やるべきことが見えてきます。

もちろん、それで「家族と会えなくなる悲しみ」「家族に苦労をかけるのではないかという心配」が完全になくなるわけではありませんが、怖さの正体を突き止め、自分のやるべきことを考え、できる限りのことをすることが、怖さを乗り越えるためには必要なのです。

なぜ、リスクを負ってまで宇宙に行きたいのか

もう一つ、僕が考えたのは、「自分は、なぜ、命を落とし、家族に会えなくなるリスクを負ってまで宇宙に行きたいのか」ということでした。

もちろん、「宇宙に行きたい」という子どものころからの夢を果たしたいから、というのは大きな理由の一つです。

ただ、コロンビア号の事故により、フライトの危険性を実感した後では、その答えだけでは不十分な気がしました。


そこで、宇宙に行く理由についても突き詰めて考えた結果、たどり着いた答えは、

「僕たちが次のフライトを成功させれば、宇宙の未来が開けるから」

「ISSの建設が軌道に乗るかどうかは、僕たちのフライトにかかっているから」


というものでした。

僕にとってはそれらが、「怖さを乗り越えたときに得られるもの」だったのです。

当時、NASAをはじめ、宇宙開発に関わる人たちの間に、重苦しい空気が漂っていました。

1
2
3
4

その空気を打破するために、宇宙開発の未来を再び拓《ひら》くために、できるだけのことをやりたい。

僕の心の中にあった、そうした使命感のようなものが、「リスクを負っても宇宙に行きたい」という思いを支えている。

それに気づき、強く意識したとき、やはり宇宙に行くことを怖いと感じる気持ちが和《やわ》らいでいきました。

少しずつでも前進することで、人はいつしか怖さを乗り越える

なお、「本当に宇宙へ行けるのだろうか」という不安に襲われ、落ち込んだり無力感にさいなまれたりしたとき、僕がしたのは、ひたすら訓練を続けることでした。

無心になって同じことを繰り返す。

決して楽しいことではありませんが、たとえ次のフライトが決まっていなくても、訓練を続けることで「少しずつでも宇宙に近づいている」という実感は得られます

し、訓練すればするほど体が作業を覚えていき、宇宙へ行くことへの不安も少なくなっていきます。


その日にやることをきちんと決め、それをこなしていくこと。

退屈で面倒だと思う単純作業を、修行のように繰り返すこと。

それらは不安を克服するうえで、非常に役に立ちました。


将来に対する漠然とした不安であれ、新しい一歩を踏み出そうと思ったときに感じる不安であれ、「先の見えない不安」は、誰にとってもつらいものです。

しかし、怖さも不安も、結局は自分の中にあるものです。

そして、その怖さや不安に負けてしまうと、先に進むことができなくなります。


もしみなさんが、「これから自分はどうなるんだろう」「今から新しい世界に飛び込んで、うまくいくのだろうか」といった怖さや不安を感じているなら、まず、その理由を徹底的に突き詰めて考えてみてください。

怖さや不安を感じるのは、今の状態に満足できていないからでしょうか。自分が何をしたいのか、自分に何ができるのかが、まだはっきりとしていないからでしょうか。

慣れ親しんだ環境や人間関係から離れるのが寂しいからでしょうか。

新しい世界に飛び込んでも、失敗する可能性が高いと思うからでしょうか。

将来に対する漠然とした不安を感じていた人は、その不安の理由がわかれば、新たな一歩を踏み出そうという気持ちが生まれてくるかもしれません。

一方で、新たな一歩を踏み出したいと思いつつ、不安を感じている人は、「なぜ、自分はリスクを負ってでも、新たな一歩を踏み出そうとしているのか」と考えてみてください。

怖さの正体に向き合ったり、怖さの先で得られるものを見通したりすることができれば、やるべきことが明確になり、これからやろうとしていることの意味がわかり、自分にとって本当に大切なものが見えてくるかもしれません。

また、やるべきことが明確になったなら、その目標に向けて、少しずつでいいので行動してみてください。

何でもかまいませんが、無心になってやれること、「一歩ずつ目標に向かって進んでいる」と実感できることだと、より良いでしょう。

自分の中の怖さや不安と向き合い、それを乗り越えることができる人こそ、本当に強い人であり、自分の人生を自分の意思で切り拓いていける人だと、僕は思います。

第 3 章

「幸せの答え」は
自分の心の中にある

14

How to live

生きづらさに向き合うことで見つかる「自分らしさ」

日本社会の同調圧力が、自分の人生を生きる妨げになっている

日本は相互監視社会であり、人の目が網の目のように張り巡らされています。僕はアメリカでも暮らしていましたが、基本的には他者に関心がなく、放っておいてくれるアメリカに比べ、日本社会を窮屈だと思うことがしばしばあります。どこにいても見られている、人の目のないところがないと感じるからです。

そうした社会では、どうしても同調圧力が強くなり、周りと異なる結果を出す人は「ずるい」という感情を抱かれがちです。

その結果、多くの人は「個人としてどう生きるか」「いかに自分らしく生きるか」よりも、周りの目を気にしてしまったり、周りと一緒であることに安心してしまったりする傾向が強くなり、それが、アイデンティティを自分一人で築き、自分の物語を作るうえで一つの壁になっているように思います。

「次の一歩を踏み出したい」「夢を求めて羽ばたきたい」と思っていながら、なか

なか組織を離れることができない人もいるでしょう。

特に、若い時期を同調圧力の強い中で過ごすと、なかなか「自分とは何か」「自分の夢は何か」を考えにくいのではないかと思います。


団塊の世代ぐらいまでは、むしろ積極的に同調していたところがありました。周りに合わせ、会社が用意してくれたキャリアパスに乗ることで、収入も組織内でのポジションも少しずつ確実に上がっていき、最後には無事に定年を迎え、多額の退職金を得ることができたし、多くの人はそれを幸せの形だと信じていました。

しかし、バブル崩壊以降、日本経済は低成長時代に入り、さらにリーマンショックなどもあり、社会の状況は大きく変わりました。

周りに合わせても約束された未来は待っておらず、会社員として、ただ年齢を重ねていくことが、リスクでしかない状況になってきたのです。

ところで、2021年に、サントリーの新浪剛史《にいなみたけし》社長が「45歳定年制にする。個人が会社に頼らない仕組みが必要だ」と発言し、非難を浴びました。

新浪社長はその後の記者会見で、「定年が45歳になると、30代のうちから自分の人生を考えるようになる」「45歳は人生の節目。節目に自分の人生を考える仕組みをビルトインする。50歳になると少し遅い」「日本社会を再構築するときに、1960年代や70年代をベースにした仕組みではまずい」といった趣旨の発言をしていますが、僕はこの意見に非常に共感を覚えます。

できるだけ早いうちに危機感を持ち、所属していた組織を離れても生きていける準備をしておくことは、これからの時代、誰にとっても必要だと思うからです。

生きづらさと向き合うことが、自分らしさを見つけるヒントになる

そうした中で、若い世代の人たちは、自分と社会の間にある溝を「生きづらい」と表現するようになりました。

上の世代が「大人になるとはそういうことだ」「社会人として当たり前のことだ」と考え、受け入れてきたこと、たとえば組織のルールやしきたり、空気を読む

こと、忖度《そんたく》することなどを、個人の自由を奪うもの、窮屈なもの、自分には受け入れられないものだと感じ、「生きづらい」といった言葉で表現する。心が折れると、不登校になったり、出社できなくなったり、「自分は組織には入れない」とあきらめたりもする。

そんな人たちが増えているように思いますが、僕は、この社会の中で生きづらさを感じることは決して悪いことではないととらえています。

生きづらさと丁寧に向き合うことも、自分一人でアイデンティティを築く際のヒントになるし、自分を見直すときに重要だと考えているからです。

僕は、子どものころから「宇宙飛行士になりたい」という目標は持っていましたが、他者の評価や相対評価、他者との比較といった軸にどっぷり浸かっていることに気づかず、自分が本当はどんな人間なのかをきちんと考えてきませんでした。

その結果、ある年齢を過ぎてから、ひどく悩み苦しむことになりました。

もしみなさんが今、生きづらさを感じているのであれば、自分の棚卸しと併《あわ》せて、その原因が何なのか、ぜひ考えてみてください。

生きづらさを感じているということは、「今の状態が自分に合っていない」ということであり、「こうなりたい自分がある」ということでもあります。

自分は具体的に、どんなことに苦しんできたのか。

たとえば、組織のルールや周りの人の言動など、自分の外側にあるものが原因で生きづらさを感じているのか、自分の性格など、内側にあるものが原因で生きづらさを感じているのか。

それを丁寧に言語化することで、次に自分がやりたいことが見つかることもあるように思います。


一つのやり方として、日々の生活の中で「嫌だ」と思うこと、生きづらさを感じていることを、紙にどんどん書き出してみることをおすすめします。

そこに出た「嫌だ」「生きづらい」と感じることをひっくり返していけば、自分が何をやりたいか、自分がどうありたいかがわかるかもしれません。

自分の生きやすさは、生きづらさからも見つけることが可能なのです。

1
2
3
4

15

How to live

心の底から果たしたい
ミッションはなにか

マズローの欲求5段階説をもとに、人生のミッションを自分で見出す意味を考える

これまで、僕自身の経験をもとに、人生のできるだけ早い段階で、他人の評価や相対評価から離れ、自分自身の棚卸しをし、自分の人生の意味づけをし、自分のアイデンティティを自分一人で築くこと、それをベースにして自分自身で人生の目標や果たすべきミッションを見出し、行動することをおすすめしてきました。

それこそが、最後まで自分らしく、幸福に生きることにつながると確信しているからです。

では、なぜ自分自身で人生のミッションを見出し、行動することが、本当の幸福につながるのか。

ここでは、その点について、別の角度からお話ししたいと思います。

みなさんは、「マズローの欲求5段階説」という言葉を聞いたことがありますか？

これは、アメリカ合衆国の心理学者アブラハム・ハロルド・マズローが唱えた有名な説で、人間が行動を起こす動機となる基本的な欲求は、

・第1段階…生理的欲求
・第2段階…安全欲求
・第3段階…社会的欲求
・第4段階…承認欲求
・第5段階…自己実現欲求

の5つの段階に分かれているとするものです。

マズローの欲求5段階説がすべて正しいとは言いきれませんが、僕はそこに、人生の目標とは何かといったことや、自分自身で人生のミッションを見出すべき理由が語られていると考えています。

満たされないとネガティブな感情を引き起こす「欠乏欲求」

ご存じの方もいるかもしれませんが、ここで欲求5段階説について、マズローの著書『人間性の心理学　モチベーションとパーソナリティ』(小口忠彦訳、産業能率大学出版部)、『完全なる人間　魂のめざすもの』(上田吉一訳、誠信書房) などをもとに、簡単にお話ししておきましょう。

5段階のうち第1段階にあたる生理的欲求は、「生命を維持したい」という、生物である人間のもっとも本能的・根源的な欲求であり、食欲や睡眠欲、排泄《はいせつ》欲求などが含まれます。

第2段階の安全欲求は「身の安全を守りたい」という欲求であり、良い健康状態や良い暮らしを維持すること、事故を防ぐこと、安全や安定への欲求などが含まれます。

マズローは、人は満たされていない欲求があると、その欲求に完全に支配されてしまうが、欲求がある程度満たされると、より社会的な目標（一つ上の段階の欲求）があらわれるとしています。

たとえば、飢《う》えに苦しんでいるとき、その人の中では食べること、生き延びることが最優先になりますが、ある程度飢えが満たされると、安全を求める気持ちが強くなるわけです。

さて、第3段階の社会的欲求は、「自分は他者に受け入れられている」「自分はどこかに所属している」「自分は社会に必要とされている」「自分には果たすべき社会的な役割がある」といった感覚を得ることへの欲求です。

社会的欲求が満たされないと、人は孤独感や緊張感、社会的不安感などを抱え、うつ状態になることもあります。

少し厄介なのが、第4段階の承認欲求です。

これは、価値ある存在だと認められ、尊重されることへの欲求であり、大きく2

つに分けることができます。

一つは、他者から注目されたり尊敬されたり評価されたり、社会的地位や名声を得たりすることへの欲求であり、「低レベルの承認欲求」ともいうべきものです。

これが満たされないと、劣等感や他者への妬み、そねみなどを抱くようになります。

マズローは、この低いレベルの承認欲求にとどまり続けることは危険だと言っています。

もう一つは、強さや能力、達成すること、熟達すること、独立や自由に対する欲求で、「高レベルの承認欲求」ともいうべきものです。

この欲求においては、自分自身の自分への評価、自分が自分を認められるかどうかが重視され、欲求が満たされると、自信や「自分が世の中に必要とされている」という実感を得ることができますが、満たされないと、劣等感や無力感を抱き、自己嫌悪に陥ってしまう人もいます。

第4段階までの欲求は、満たされないと不満や不安、孤独感、緊張感、妬み、そねみ、劣等感、無力感などのネガティブな感情を引き起こします。

マズローは、これらをまとめて「欠乏欲求」と呼んでいます。

自己実現とは、ありのままの自分として可能性を最大限に発揮すること

さて、欠乏欲求がすべて満たされた状態、つまり食欲など生理的な欲求が満たされ、安心や他者とのつながりが感じられ、十分に他者や自分からの承認を得られている状態でも、「自分に適していること」をしていない限り、人は真の満足感、幸福感を得ることができず、新しい不満が生じてくるとマズローは言っています。

なぜなら、人は誰でも「自分が潜在的に持っているものを実現したい」「自分の可能性を最大限に発揮したい」という欲求を抱いているからです。

そして、それこそが、第5段階の自己実現欲求です。

「自己実現」という言葉に対し、「目標を達成し、なりたい自分になること」「自分のやりたいことをやること」だと思っている人は多いでしょう。

あるいは、「仕事を通して自己実現をしたい」といった表現をよく見聞きするため、「自分の夢を叶えるために成長すること」だと思っている人もいるかもしれませんが、それらは正確ではありません。

マズローの言う自己実現は、「偽りのない、ありのままの自分として可能性を最大限に発揮すること」です。

たとえば、音楽家が音楽を創り、美術家が絵を描き、詩人が詩を書くこと、走るのが好きな人が走ること、子どもを愛する人が子どもを育てること、自然を愛する人が自然を守る活動を行うこと。

収入や地位、名誉、他者からの評価が得られるかどうかなど一切関係なく、自分の内側から生じる衝動に従って生きることが自己実現なのです。

そしてマズローは、第4段階までの「欠乏欲求」に対し、自己実現欲求を「成長欲求」と呼んでおり、欠乏欲求を満たすことを中心とする生き方と、成長欲求を持ち、自己を実現しつつある生き方とでは質が異なるとしています。

欠乏欲求のうち、特に第3段階、第4段階の欲求の大きな問題は、自分のアイデンティティや評価などを他者、もしくは他者の評価軸にゆだねている点にあり、他者とのつながりや、他者の価値観に沿った評価などが得られない限り満たされることがありません。

しかし、自己実現は、欠乏を満たすこと、ゴールに到達すること、他人からの評価を得ることなどを目的とするものでもなければ、無理をしたり、苦しい努力を伴ったりするものでもありません。

真に登山が好きな人が、単に山頂にたどり着くことだけを目的とするのではなく、そこまでの道中を楽しむように、うまくいくこともいかないことも含め、自分の中の可能性を発揮してミッションに取り組む際の、あらゆるプロセスを楽しむものなのです。

成長欲求に基づき、自分の「本性」に沿ってなり得るものになること、自分が潜在的に持っているものを実現しようとすること、よりいっそう「自分自身」であろうとすること。

それによって初めて、人は最高に平穏な状態になることができるとマズローは言っています。

自分のミッションを見つけ、行動することで、人は宙ぶらりんの状態から解放される

なお、マズローは、5つの欲求をすべて満たした人、自己実現をしつつ生きている人を「自己実現者」と呼び、162〜163ページの表のような15個の特徴が見られるとしています。

簡単にまとめると、自分自身や他者、そして現実全体を冷静かつ的確に認知し、あるがままに受け入れ、世界に対して十分な愛情を抱きながらも、他者の評価や価値観や問題、あるいは自分自身の感情や問題などに必要以上に振り回されることがなく、自分のミッションにエネルギーを注ぐことができている人。

それが、自己実現者であるといえるでしょう。

このように書くと、自己実現者はまるで超人のように思われるかもしれませんが、決してそんなことはなく、そこを目指して努力してなるものでも、無理してなるものでもありません。

「ありのままの自分として生き、自分の中の可能性を最大限に発揮したい」という自己実現欲求に基づいて生きるようになることで自然とたどり着く状態です。

また自己実現欲求は、基本的には欠乏欲求をすべて満たすことであらわれますが、たとえ今、社会的欲求や承認欲求などが十分に満たされていなくても、

・本来の自分はどういう人間なのか
・自分に発揮できる可能性は何か

・自分が心の底から果たしたいと思うミッションは何か

を知り、それに基づいて行動するようになれば、おのずと自分の中の価値観が変わり、生き方が変わってくるでしょう。

これまでお話ししてきた「自分一人でアイデンティティを築くこと」「自分自身でミッションを見出し、そこに向かって行動すること」は、まさに自己実現欲求を満たすこと、自己実現者に近づくことです。

どれほど大きな仕事を成し遂げ、たくさんの収入や名声、高い地位を得ても、「自分は何者なのか」という問いかけへの答えが見つからない状態、「本来の自分」が宙ぶらりんになっている状態は、誰にとっても非常に苦しいものです。

しかし、自分を見つめ直し、ミッションに取り組み、可能性を発揮することで、人は宙ぶらりんの状態から解放され、本当の幸せを得ることができるのです。

自己実現者の 15 の特徴

1	**現実をより有効に知覚し、現実とより快適な関係を保っている** 楽観や悲観、願望や不安などにとらわれず、ほかの人々よりすばやく、正確に現実を読み取ること、あいまいさに耐えること、未来を予見することができる。
2	**自己、他者、自然を高度に受容している** 理想にとらわれず、自己や他者、自然などをあるがままに受け入れている。
3	**高度な自発性、素朴さ、自然さを持っている** 気取ったり緊張したりすることなく、自発的に、自然に自由に行動する。
4	**課題中心的な生き方をしている** 人生において何らかの使命や達成すべき任務など、自分自身の問題ではない課題を持っていて、そこに多くのエネルギーを注いでいる。
5	**人間関係における独立性が高い** 独りでいても、傷ついたり不安になったりすることがなく、むしろ孤独やプライバシーを好み、争いごとや騒ぎに心を乱されることもない。
6	**文化や環境からの独立性が高く、自律的で能動的な人間である** 物理的環境や社会環境から独立しており、激しいショックや欲求不満などに直面しても、比較的安定した状態でいられる。
7	**認識が常に新鮮である** ほかの人にとっては新鮮味がなくなったようなことでも、何度も新鮮に、喜びや驚き、畏敬などを持って認識したり味わったりすることができる。
8	**至高体験、神秘的体験がしばしばある** 何かに熱中しているとき、創造性を発揮しているとき、誰かと一体感を感じられているとき、愛を感じているとき、何か大きな発見や気づきがあったときなどに、言葉にできないような幸福感、恍惚、歓喜を味わうことがしばしばある。

9	**共同社会感情が高い** ときには腹を立てたり嫌気が差したりするものの、広く人類に対し身内感や一体感、深い同情や愛情、あわれみともいうべきものを抱いている。
10	**心が広く、深い対人関係を持っている** 他者にとけ込み、愛し、一体感を抱くことができる一方で、少数の人々と特別に深い結びつきを持っている。
11	**性格構造が民主的である** 人種や肌の色、階級や教育の程度、政治的な信念などに関係なく、ふさわしい性格の人とは誰とでも親しくできる。また、自分が知っていることがわずかであることを知っており、自分に何かを教えてくれるものを持っている人、自分の持っていない技術を持っている人を心から尊敬している。
12	**善悪の区別、手段と目的の区別が明確である** 明確な道徳心を持っており、正しいことをし、間違ったことをしない。また、手段と目的を明確に区別でき、手段よりも目的のほうにひきつけられるが、ほかの人々にとっては手段にすぎない経験や活動を目的とみなし、目的地に到着することと同じようにプロセス自体を楽しむことができる。
13	**哲学的で悪意のないユーモアの持ち主である** 誰かを傷つけたり、劣っている人をバカにしたりするようなユーモアや下世話な冗談を好まず、思慮深く哲学的なユーモアを好む。
14	**創造性が高い** 何らかの特殊な創造性、独創性、発明の才能を持っている。
15	**文化に組み込まれることに対して抵抗し、文化を超越している** 文化の中で円満に過ごすため、許容できる範囲では慣習に従ったりはするものの、内面的には文化に組み込まれることはなく、超越している。

16

How to live

—

自己実現を目指せば、上下も勝ち負けもなくなる

多くの人は欠乏欲求にとらわれている

ここで、僕なりに、マズローの説に沿って、今の日本社会のあり方を考えてみたいと思います。

現代日本においては、大多数の人が、第1段階の生理的欲求と第2段階の安全欲求は満たされているはずです。

戦時中のように、「いつ焼夷弾《しょういだん》が降ってくるかわからない」「戦場で、日々命の危険を感じている」という状態であれば、安全欲求が強くなりますが、現在、「いつ死ぬかわからない状態にいる」「毎日、命の危険を感じるような地域に住んでいる」という人はほとんどいないでしょう。

では、第3段階の社会的欲求はどうでしょうか。

第二次世界大戦後、20世紀いっぱいぐらいまでは、これについても、満たされている人が多かったと思います。
核家族化したとはいえ、家族という単位はしっかり機能しており、会社への帰属意識も高かったため、大半の人は「自分は他者とつながっている」「自分は社会の一員である」と意識するともなく意識し、安心感を覚えていたのではないでしょうか。

ところが、家族のあり方の変化や、終身雇用制の崩壊と人材の流動化、さらにはコロナ禍でソーシャル・ディスタンスが叫ばれたことなどにより、近年、どこにも帰属意識を持てない人、社会とのつながりが感じられない人、それによって「居場所がない」という緊張感や寂しさを抱えている人が増えています。

また、第4段階の承認欲求にとらわれている人も少なくありません。
SNSのフォロワーや「いいね」の数など、他者からの評価で承認欲求を満たす人が多いのは、そのあらわれのように思います。

年齢を重ねるほど、欠乏欲求が満たされない苦しみは深くなる

現代日本において、欲求が満たされない苦しみを抱えているのは、50代に差しかかった多くの会社員も同様です。

仕事一筋に生きてきて、家に居場所がなく、地域社会とのつながりもなく、同僚や部下とのコミュニケーションは以前よりも薄くなっており、仕事関係の人脈も定年などによって組織を離れれば失われてしまうため、どこにも帰属意識を持つことができない。

若いころに思い描いていたように、長く勤めて年齢を重ねたからといって、自然と組織内での地位が上がり、ポストが手に入るわけではないため、低レベルの承認欲求も得られない。

さらに、ポストが手に入らなければ、収入が頭打ちになり、生活が危機に陥る可能性もある。

つまり、欲求の5段階のうち、安定欲求も社会的欲求も承認欲求も満たすのが難しくなっているのです。

もちろん、欲求が満たされず、「こんなに働いているのに給料が増えない」「子どもが生まれたけれど、まったく明るい未来が描けない」といった具合に、不安や苦しみを抱えている若い人たちもたくさんいます。

しかし、「将来はあらゆる欲求が満たされ、悠々自適の生活を送れるはずだ」と信じ、組織の中で一生懸命働いてきたのに、いざ年齢を重ね、気力や体力が衰えてきたときに、「若いころ思い描いていた、安泰な生活にたどり着けない」という現実に直面させられる50代の人たちのほうが、より幸福から遠い場所にいるのではないかと、僕は思います。

あらゆる人にとって、人生の目標はただ一つ、幸せになること

では、第4段階までの欠乏欲求が十分に満たされなければ、幸せに生きられないかというと、もちろんそんなことはありません。

たとえ社会的欲求や承認欲求が十分に満たされていなくても、第5段階の自己実現欲求に基づいて生きることは可能です。

そして、自己実現欲求に基づいて生きることができて初めて、人は真の幸福感を得ることができます

欠乏欲求が満たされるかどうかは、「他者もしくは自分自身の、自分や行動の結果に対する評価」に大きく左右されます。

たとえば、多くの人からもてはやされること、大金持ちになること、社会で成功するために必要なスキルを身につけることなど、欠乏欲求は「他者がうらやむようなものを手に入れること」「自分自身が納得のいく結果を出すこと」によってしか

満たされません。

ですが、欲求を満たすために他者の幸せを奪ったり、欲求が満たされないために他者を妬んだり、思うような結果を出せなかった自分を責め、無力感に陥ったりすることもあるでしょうし、仮に世界中の人からチヤホヤされ、世界中の富を独り占めしたとしても、必ず新たな不安や不満が生まれます。

世界は広く、自分より優れている人、恵まれている人はたくさんいるし、人は誰も、常に完璧ではいられないし、他者の評価は移ろいやすいからです。

一方で、自己実現欲求においては、自分で見出した人生のミッションに取り組むこと自体が、そして「本来の自分」「こうありたい自分」に少しずつでも近づいていると実感できること自体が、幸福感をもたらしてくれます。

他者もしくは自分自身の自分に対する評価が高かろうと低かろうと、満足のいく結果が得られようと得られまいと、不満や不安が生まれることはなく、妬みやそねみといった感情に振り回されずに生きていくことができるようになります。

もしかしたら、みなさんの中には今、あまり望んでいない仕事をしている人がいるかもしれません。

どこにも帰属意識が感じられない人、「自分は十分な評価を得られていない」と感じている人もいるかもしれません。

しかし、そんな中でも、自己実現の最終形や果たしたいミッションを明確にして頭の片隅に大事にとっておき、少しずつでも行動を起こし、「本来の自分、なりたい自分に近づきつつある」「本当にやるべきミッションに取り組んでいる」と日々実感することができれば、それだけで幸せが得られるはずです。

この社会に生きるあらゆる人にとって、人生の目標はただ一つ、幸せになることだと僕は思っています。

そして、人が幸せになる唯一の方法は、競争に勝って世界中の富を独占することでも、地位や名声を手に入れることでも、チヤホヤされることでもなく、今、自分の手の中にあるものでいかに満足できるかということにかかっているのです。

17

How to live

自分の心の中にある「答え」にたどり着くために

自分という土台から、ミッションというロケットを打ち上げる

自己実現欲求に基づいて幸せに生きていくためには、他者の評価軸から離れて、自分一人でアイデンティティを築くこと、それをベースにして「こうありたい自分」や、自分が日々幸せに暮らせるミッション、取り組むべきミッションを見出すことが必要です。

自分は何者なのか、何が好きなのか、何を大事に思い、何ができるのか。それらをしっかりと知ることで、自分が目指すべき方向、自分がとるべき行動が明確に見えてきます。

あるいは、この章の冒頭でお話ししたように、自分の生きづらさの原因を知ることで、本当に自分が求めるものが見えてくることもあるでしょう。

誰に決められたわけでも強制されたわけでもなく、自分で自分の進む道を決めることができれば、少なくとも人生を歩むうえで迷子になることはありません。

1
2
3
4

ミッションというロケットを打ち上げるために、まず、自分という土台をしっかり固めましょう。

「自分がどうしていれば幸せなのか」、その答えは自分の心の中にある

僕は2回目のフライトの後、燃え尽き症候群のような状態に陥り、自分が目指すべき方向を見失ってしまいました。

かつての僕には、たしかに「宇宙飛行士になりたい」という夢がありました。それは、誰に決められたわけでもない、自分自身で決めた夢でしたが、夢を叶える過程では常に他者からの評価にさらされ、他者にコントロールされている部分が多かったし、自分でもその状態が当たり前だと思っていました。

それが、後の苦しみを生む一つの原因になっていたと思います。

しかし、苦しみの中で自分自身と向き合った結果、僕が見つけ出した「こうありたい自分」は、「自分のあり方、目標、行動を自ら考え、自分が望む社会を実現するために、できることを実行していく自分」でした。

具体的には、現在取り組んでいる当事者研究やカーボンフリーなどのプロジェクトに対して、できる限り自分の能力を発揮したいと考えています。

また、人種差別や性別による差別などがなく、誰もがストレスなく暮らしていける平等な社会を実現させるために、できることをやっていきたいと思っています。

これらのミッションにはゴールがありません。

一歩進むたびに、新たな発見や新たな展開、新たに取り組むべき課題が生まれるでしょうし、人生が終わりを迎えるときまで追い続けることになると思います。

それは僕にとって、非常に幸せなことです。

宇宙に行っても見つからなかった、「自分がどうしていれば幸せなのか」という問いへの答えは、最初から自分の心の中にあったのです。

18

How to live

ときには勇気を出して、
環境をリセットしよう

一度成功のロールモデルができれば、次の挑戦へのハードルが下がる

取り組むべきミッションが見つかったら、ぜひ自分のペースでステップを踏んでいってください。

「ミッションを実現しなければ」と焦る必要はありません。

それは誰に押しつけられたわけでもなければ、他者と比べられるものでも他者に評価されるものでもありません。

あなたが自分自身で見出したミッションであり、取り組むこと自体に意味があり、喜びがあるはずです。

また、そのミッションは、目標を達成したり評価を受けたりしたら終了するわけではなく、どんどん更新されていくものだと僕は思います。

ただ、ミッションに取り組む中で、どんなささいなことでも、目標を達成したと

1
2
3
4

いう経験や、目標達成に向けて頑張ったという経験をしたなら、それを肯定し大事にしてください。

自分の中に、一度成功のロールモデルができれば、次の目標やミッションへの挑戦へのハードルが下がるからです。

そうなれば、ますますミッションに取り組むことに幸せを感じられるようになるでしょう。

たとえば僕にとって、「宇宙飛行士になりたい」「宇宙に行きたい」というのは、子どものころに自分自身で見出したミッションであり、宇宙から地球を眺めている自分や、宇宙空間に浮かんでいる自分を何度となく想像していました。

長い時間をかけてそれが実現したのは、宇宙飛行士候補に応募し、勤めていた会社を退職し、ハードな訓練を受けるというプロセスの中で、

「自分はこの方向に行きたい」という強い思いを持ち、目の前の目標に取り組む

←

目標を達成し、自分の中に成功のロールモデルができる
↓
そのロールモデルを持って、また次の目標にチャレンジする

という積み重ねの結果だったと考えています。

宇宙に行ったことで、「何でもできる」という万能感が得られたわけではありませんが、かつて宇宙に行くために努力を重ねてきたという経験が、JAXAを退職して新たな道を歩き出す際にも、僕を支えてくれたように思います。

今いる部屋のドアを閉める勇気がなければ、新しい部屋には入れない

JAXAを退職する際、僕を支えてくれたものが、もう一つあります。

それは、宇宙飛行士になりたてのころ非常にお世話になった、あるアメリカ人の宇宙飛行士の先輩から聞いた、「人生というのは、新しい部屋に入ろうと思ったら、

今いる部屋をいったん出なければいけない。今いる部屋のドアを閉める勇気がなければ、新しい部屋には入れないんだ」という言葉でした。

日本でもアメリカでも、宇宙から帰還した宇宙飛行士は、同じ問題に直面します。それは、第二の人生をサポートする体制の薄さです。

フライトまでの宇宙飛行士は手厚くサポートされ注目も浴びますが、ミッションを終えて地球に帰還すると、まるで魔法が解けたように忘れられた存在になってしまいます。

デスクワークやほかの宇宙飛行士のサポート業務もありますが、僕と同じように、ミッションを達成して燃え尽きてしまい、あるいはフライト前後の扱われ方のギャップのあまりの大きさに困惑し、引退する人も少なくありません。

特に、日本に比べてはるかに転職する人の多いアメリカでは、宇宙飛行士も単なる職業の一つにすぎません。

僕がNASAで知り合った宇宙飛行士も、ほとんどがその後民間企業に転職しており、成功を収めている人もたくさんいます。

その先輩は、すでに3回宇宙へ行っており、宇宙飛行士として華々しいキャリアを持っていましたが、やはり定年前に退職を決意しました。

おそらく、50代くらいだったのではないかと思いますが、今の僕と同じように、「このまま同じ場所にいてはいけない」「今のうちに、自分の足で歩き出さなければいけない」と考えたのでしょう。

先ほどの言葉は、「宇宙飛行士としてキャリアを重ねてきたのに、ここで退職するのはもったいないと思いませんか？」という、彼に対する質問への答えでした。

レールを外れることへの恐怖心が、新たな挑戦の妨げになる

「最初の自分なりの成功モデル」をつくるのは、誰にとっても大変なことです。

特に、日本で、住み慣れた世界から離れ、他者の評価に基づかず、新たに自分自

身で成功のロールモデルをつくるのは、非常に難しいことだといえるかもしれません。

「レールを外れること」「人生を一度リセットすること」への不安感や恐怖心が根強くあるのも、日本社会の特徴の一つだからです。

アメリカやヨーロッパの人たちは、人生を一度休んだり、リセットしたりすることに寛容です。

ヨーロッパには、高校を出て、一年たっぷり遊んでから大学に入ったり就職したりする人がたくさんいますし、アメリカでは、大学を出て一度働き、お金を稼いだ後、キャリアアップのために大学院に入り直すというケースをよく見聞きしました。

ところが、日本の場合、小学校に入学してから定年退職するまでのステップが休みなく決められており、ほとんどの人がその通りに人生を送っています。

最近は、人生の早い時期に転職をする若い人も増えてきましたが、新卒で入社して、ずっと同じ会社で働いていると、定年を迎えるまで、それまでの人生を一度リセットするという経験ができません。

そして、年齢を重ねれば重ねるほど、人生をリセットすること、自分の手で人生を切り拓くことへの恐怖心は大きくなっていきます。


このような日本社会の構造が、定年を迎えるまで、あるいは定年を迎えた後も、自分のアイデンティティを自分で築くこと、本当に取り組むべきミッションを見出すこと、ミッションに取り組むために動き出すこと、自分自身で成功のロールモデルをつくることへの大きな妨げになっていると僕は思います。


しかし、より良いと思える自分、より良いと思える環境に行くためには、勇気を出して今の自分や環境を一度リセットする必要があります。

その勇気すら得られなければ、新たなことに挑戦するのは非常に難しいでしょう。

もし今、恐怖心が大きくて、新しい一歩を踏み出す勇気が持てないという人は、ぜひ、第2章に書いた「怖さの乗り越え方」を参考にしてみてください。

19

How to live

思い出を反芻することで価値を熟成させていく

イーロン・マスクも100%幸せではない

この章の最後に、あらためて、人生の本当の幸せとは何かについて考えてみたいと思います。

僕が3回目のフライトで乗ったのは、アメリカのスペースX社の新型宇宙船「クルードラゴン」でした。

当然、CEOでもあるイーロン・マスクとも何度か会いましたが、彼は決して100%幸せではなく、いろいろな悩みを抱えていると感じました。

彼ほどの資産や地位、発言力を持っていれば、たいていのことは叶います。

しかし人は、それだけでは満たされないのです。

イーロンがそうだと言うつもりはありませんが、常に効率やスピードを重視している人、成果を上げなければ、前に進まなければと必死で頑張っている人を見ると、前に進んでいるようでいて、実際には同じところをぐるぐると回っているだけのように見えることがあります。

たとえば、年商1億円規模の会社を100億円規模の会社にできたとして、その人は100倍幸せになっているのか、人生のステージが上がったことになるのか。

もちろん、「収入を上げたい」「評価を得たい」という努力や頑張りを否定はしないけれど、人生の本当の幸せとは、それとはまた別の次元にあるように思います。

この社会で、多くの人が「絶対だ」と思っていることは、たくさんあります。

「効率よくスピーディにタスクを処理できる人は優れている」「より多くの収入を得て豊かな生活を送ること、社会的地位や名誉を得ることは幸せだ」といった価値観を持っているビジネスパーソンは少なくないでしょう。

あるいは、「夢を叶えることこそ幸せだ」「理想の家庭をつくることこそ幸せだ」という、ゆるぎない価値観を持っている人もいるかもしれません。

宇宙空間では、重力も上下関係も「絶対」ではない

しかし、自分が、あるいは多くの人が「絶対だ」と思っていることのほとんどは、実は絶対ではありません。

たとえば、僕たちは普段、重力がある状態で生活をしています。

地球に生命が誕生して40億年になるといわれていますが、気候をはじめ、地球の環境が変化する中で、ほぼ唯一変わっていないのが重力の存在だと思います。

重力は僕たちの身体構造だけでなく、考え方にもさまざまな影響を与えています。

地面に足が着いている状態を「普通の状態」「安定している状態」と感じるのも、「上下関係」という概念が生まれたのも、重力があるからこそです。

おそらくみなさんは、「目上の人は高いところ、部屋の一番奥など、いわゆる『上座』に座るものだ」と、当たり前のように思っているでしょう。

1 2 3 4

でも、宇宙に行くと、様子はガラッと変わります。

地球の重力を1とすると、月面の重力はその6分の1しかなく、宇宙ステーションの重力は0です。


そして、重力のない世界には上も下もありません。

宇宙ステーションでは、基本的に年齢や立場の上下など関係なく、ミーティングの際にはみんな相手の顔を見ながら、車座になっていました。

重力の感覚を持たない人類が宇宙のどこかにいたら、地面に足が着いている状態を「普通」「安定」とはとらえないでしょうし、「上下関係」という概念も生まれないはずです。


ほとんどの人が「当然だ」「絶対だ」と思っている重力の存在、上下関係の存在も、広い宇宙から見れば、決して「絶対」ではないのです。

「絶対」だと思い込んでいることを、ほかの角度から眺めてみよう

少し視点を変えれば「絶対」ではないことがわかるのに、多くの人が「絶対だ」と信じ込んでいることは、ほかにもたくさんあります。

また、その思い込みによって自分自身を、あるいは他者を縛り、苦しめている人もたくさんいます。

「より多くの収入を得て豊かな生活を送ること、社会的地位や名誉を得ることは幸せだ」という価値観は、それが手に入らなかった人に、劣等感や自分に対する無価値感、他者に対する妬み、そねみなどを抱かせるでしょう。

「夢を叶えることこそ幸せだ」「理想の家庭をつくることこそ幸せだ」という価値観を持っている場合も、「何らかの夢を叶え、目標を達成し、自分が満足したり他者に評価されたりすること」「社会で理想とされる家庭をつくること」を目指して

しまうと、夢が叶わなかったとき、理想を実現できなかったときに挫折《ざせつ》感を味わったり、目標を達成したときに燃え尽きたりすることもあるでしょう。

日本社会で多くの人が抱える生きづらさの根底にあり、新たな一歩を踏み出す妨げとなっているのも、「この社会では、絶対～でなければならない」といった思い込みです。

でも、みんなが「絶対だ」と思っていることの大半は、他者から知らず知らずのうちに押しつけられた価値観、もしくは自分が狭い世界の中だけで決めつけていることにすぎません。

もちろん、人間が社会的な動物であることに変わりはなく、この社会で生きていく以上、周りとの関係性の中で自分の立ち位置を決めざるを得ないし、他者との関わり、他者との比較、他者の価値観から完全に自由になるのは難しいでしょう。

しかし、その中でも、「評価する基準・軸を、自ら不必要に高くしすぎていないか？」「自ら不必要な軸をつくっていないか？」と疑ってみること、そして「自分の評価軸を他者に任せない」「自分の価値は自分で決める」という気持ちを持つことは非常に大事であり、それこそが、人生の本当の幸せを手に入れる鍵だと僕は思います。

経験や想い出を反芻することが、自分の強さになり、道しるべになる

人生の本当の幸せを手に入れるうえで、もう一つ鍵となるのは、自分の経験や想い出を大事にすること、自分の価値を熟成させることです。

「これが自分だ」という確固たるもの、自分で築いたアイデンティティが一つでもあると、絶対的な基準がない中でも、人はそれを頼りに生きることができます。

そして、そのベースとなり重要なパーツとなるのが、経験であり想い出であると僕は思っています。

たとえば、宇宙に3回行って無事に帰還したこと、宇宙から地球を見て感じたこと、10年間、苦しみの中で考えたことは、誰とも比較できない、誰にも奪われない僕だけの経験であり、他者から何と言われようとぶれない軸であり、僕のアイデンティティに大きな影響を与えています。

また、想い出は自分のコーナーストーンのようなもの、自分の基礎となるものだと僕は思っています。

何も、特別な経験である必要はありません。

人が生まれ、成長し、日々さまざまな仕事をし、結婚して子どもが生まれ、その子どもがまた成長する。

そうした一つひとつの経験すべてが、その人にとって誰とも比較できない、誰にも奪われない想い出であり、コーナーストーンなのです。

想い出を反芻《はんすう》したり想い出話をしたりすることは、「未来志向でない」「後ろ向き」とネガティブなとらえ方をされがちですが、それも思い込みです。

実際には、それらは自分の経験を棚卸しし、内省し、自分の存在や人生に自分自身で意味づけをし、価値を見出す行為であると僕は思います。

人が本当の意味で前に進み、充実した人生を送るためには、自分の価値を熟成させる必要がありますが、目の前のことをひたすら追うだけでは、進歩することも、熟成することもできません。

しかし、自分だけの経験や想い出をベースに、自分一人でアイデンティティを築き、自分の価値を熟成させることができれば、それがあなたにとっての強さとなり、これから先の人生の道しるべになります

他者の評価軸に振り回されすぎず、より自分らしい人生を生き、幸せを手に入れるうえで大事なのは、そんな、自分だけの「宇宙」を心の中に持つことなのです。

1
2
3
4

第 4 章

夢を見ることこそ最高の処方箋

20

How to live

忙殺されて人生を過ごすのは、谷底へ向かうトロッコに乗っているようなもの

本当に幸せな人生を送るための最大の処方箋は、夢を見ること

僕は、本当に幸せな人生を送るための最大の処方箋《しょほうせん》は、夢を見ることだと思っています。

松下村塾《しょうかそんじゅく》で多くの志士を育てた、幕末の思想家であり教育者でもある吉田松陰が残した言葉に、「夢なき者に理想なし、理想なき者に計画なし、計画なき者に実行なし、実行なき者に成功なし。故に、夢なき者に成功なし」というものがあります。夢を見ることができないと、人は理想を持つことも、その実現のために行動することもできず、人生を無為に過ごしてしまうことになります。

ただ、その夢は、他者から与えられたものでも他者の価値観に沿ったものでもなく、自分自身で見つける必要があります。

1
2
3
4

たとえば、「いい会社に入り、出世する」「アーティストとして有名になる」「たくさんお金を稼ぐ」というのは、社会の価値観に沿った目標、相対評価に基づいた目標にすぎません。

その目標が達成されないと不満が残りますし、さまざまなことを犠牲にして目標を達成しても、必ずあとで「自分は何のために、必死で頑張ったんだろう」と後悔することになります。

しかし、自分の棚卸しを行い、「自分は何が好きか」「自分には何ができるか」「自分が何を大事にしているか」を考え、自分という土台をしっかり築いたうえで、「宇宙の謎《なぞ》を解き明かし、多くの人に伝えたい」「弱っている人、困っている人に手を差し伸べられる自分でありたい」「子どものころに遊んだ地元の川を、もう一度きれいにしたい」など、どうしても譲れない、そして相対評価に左右されない「やりたいこと」「こうありたい自分」を見つけられれば、どれほど環境や状況が変わろうと、一生かけて追いかけることができます。

そして、一時的に困難に陥ることがあったとしても、常に前を向いて生きていくことができるはずです。

忙殺されている人こそ、夢を見る必要がある

みなさんの中には、日々の仕事や家事、育児、人とのコミュニケーションなどに追われ、これまでなかなか自分自身と向き合うことも、自分自身の夢について考えることができなかった人もいるでしょう。

時間的・精神的な余裕がなかっただけでなく、大人の自分が夢を見ること、理想を思い描くことへの照れや恥ずかしさ、ためらいを感じていた人もいるかもしれません。

しかし、忙殺されていると日々の生活から幸福感が失われ、現実への対応に追われているだけでは、夢を見る力がどんどん失われます。

自分自身が本当にやりたいことがわからず、他者や組織、社会から求められることをただひたすらこなし、忙しさに追われて人生を過ごすのは、谷底に向かうトロッコに乗っているようなものだと僕は思います。

線路の先はよく見えないけれど、周りの景色がだんだん険しくなっていき、谷底へ向かっていることがうすうすわかっている。

でも、トロッコから飛び降りる勇気が持てないため、「今のところ、まだトロッコは走っているから大丈夫」と自分に言い聞かせ、そのまま乗り続ける。

そうすると、いざ目の前に崖《がけ》があらわれ、他者や組織、社会から切り離され、宙へ放り出されたときに、どこに着地したらいいのか、そこからどこへ向かって歩き出せばいいのかわからなくなってしまうのです。

他者から与えられた目標を達成するのは、マズローの欲求5段階説で言うところの、欠乏欲求を満たすことでしかありません。

一方で、自分が本当にやりたいこと、実現したい夢を見つけることは、自己実現欲求に基づいて生きることであり、うまくいってもうまくいかなくても不安や不満は生まれず、「本来の自分、なりたい自分に近づきつつある」「本当にやるべきミッションに取り組んでいる」という幸福感だけが得られます。

僕は、忙殺されている人、現実への対応に追われている人こそ、今の自分を幸福にするためにも、未来の自分を幸福にするためにも、夢を見る必要があると思っています。

それは、決して不可能なことではありません。

21

How to live

もし「やりたいことが何もない」と苦しんでいるなら

どのような状況の人であっても、夢を見ることは十分に可能

みなさんの中には、「自分にはそもそも、やりたいことなんて何もない」と思っている人もいるかもしれません。

おそらく誰でも、子どものころは自由に夢を思い描いていたはずです。

でも成長するにつれ、「他者からどう思われるか」「社会からどう評価されるか」を気にしたり、「～はこうあるべきだ」といった同調圧力に負けたりして、自分が本当に「こうありたい」と願う自分像を思い描くことができなくなってしまうのです。

あるいは、夢＝仕事ととらえ、仕事やお金に結びつかない夢を抱くことができない人、お金を稼ぐことにつながらない夢を抱くことに罪悪感のようなものを抱いて

しまう人もいるかもしれません。

でも、夢は本来、必ずしも仕事やお金に結びつくものではなく、もっと自由で幅広いものです。

前項で例に挙げたように、「弱っている人、困っている人に手を差し伸べられる自分でありたい」「子どものころに遊んだ地元の川を、もう一度きれいにしたい」といったことでもかまいませんし、「家族との時間を大切に過ごしたい」といったことでもかまいません。

また、「夢」という言葉を聞いて、今の自分から遠く離れたこと、現実離れしたことをイメージする人や、「若くないと夢が見られない」「健康じゃないと夢が見られない」と思っている人もいるかもしれませんが、もちろんそんなこともありません。

現時点のありのままの自分をベースに、「どうしても実現したいこと」「こうなりたい自分」などを思い描き、そこに向けて前向きに動いていくこと。

それこそが夢を見ることだと、僕は思っています。

たとえば、重い病気を抱え、余命わずかだと宣告され、自暴自棄に陥っていた人が、「自分のこれまでの経験や今の思いを、ほかの人に伝えたい」といった夢を抱いたことにより、前向きさを取り戻し、この世を去る瞬間まで命を燃やして生きられたというケースを聞いたこともあります。

いくつになっても、どのような状況の人であっても、夢を見ることは十分に可能なのです。

自分が本当に好きなこと、得意なことを思い出してみよう

自分がやりたいこと、夢が見つからないという人は、「自分が本当に大事だと思うことは何か」「自分が本当に好きなことは何か」「自分が本当に得意なことは何か」「自分は何をしているときに幸せを感じるか」を考えてみるといいかもしれません。

自分が本当に好きなこと、得意なことなら、いつまでも続けることができるし、やっていて幸せを感じられるはずです。

たとえば、あなたがテニスをするのが好きで、学生時代は一日何時間もテニスコートでボールを追っていたとします。

しかし、「やりたいことは何ですか？」「夢は何ですか？」と尋ねられたときに、「テニス」とすんなり答えられなかったとしたら、それは「いまさら、テニスプレーヤーにはなれないから」「お金を稼げるほどテニスが上手ではないから」といった考えにとらわれているためでしょう。

つまり、純粋に「やりたいこと」や「夢」を訊《き》かれているにもかかわらず、勝手に条件づけをしてしまい、「仕事につながるやりたいこと」「社会的な評価が得られる夢」を答えようとしてしまっているのです。

そういった条件を取っ払って、まずは自由に、大事なこと、好きなこと、得意なこと、幸せを感じることを考えてみてください。

もし、好きなこと、得意なこと、幸せを感じることを通して、自分にとって大事なことを実現したり表現したりできるなら、それこそがあなたにとって最高のやりたいことだということになるはずです。

なお、やりたいことや夢は、複数あってもかまいません。

僕は、人にとってもっとも大事なもの、核となるものは、基本的には一つだと思っていますが、世の中にはそれをベースに、複数の軸を立て、それぞれの方向へ伸びていくことができる人もいるからです。

22

How to live

個人の夢と社会の理想が共鳴する

こうあってほしい社会を思い描く

本当にやりたいこと、夢を見つける際に、もう一つ、みなさんにぜひ実践していただきたいことがあります。

それは、夢、つまり「なりたい自分」を考えるときに、同時に「こうあってほしい社会」を思い描き、「どうすれば、自分のやりたいことを通して、それを実現できるか」を考えることです。

僕は、夢に向かって行動することと、あってほしい社会の実現に向かって行動することは切り離せないと考えています。

この本ではずっと、自分らしく、幸せな人生を送るためには、他者の価値観や評価軸から離れて自分一人でアイデンティティを築き、自分自身で本当にやりたいこと、ミッション、夢を見出し、そこに向けて新たな一歩を踏み出す必要があるとお話ししてきました。

ただ、単に自分のことだけを考えて好きなこと、得意なことをやっていても、いつか行き詰まるときが来ます。

人が自分一人だけで得られる幸せ、自分のことだけを考えて得られる幸せには限界があるからです。


一方で、自分が楽しんでやっていることによって、ほかの人が幸せになり、少しずつでも「自分がこうあってほしい社会」に近づいていると実感できれば、より大きな幸せを得ることができるはずです。

マズローが提唱する自己実現においても、「利己＝自分のため」と「利他＝他者のため」を両方満たすことが大事だと考えられています。

また、やりたいことや自分自身の夢と「こうあってほしい社会」を常にセットで考えることは、やりたいことや夢に自分なりの意味づけをすることでもあります。

どんなにやりたいこと、やりがいのあることであっても、それをやる自分なりの意味を見出せなければ、一つの夢や目標を達成した段階で満足し、あるいは燃え尽き、次の目標を見つけることができず、自分がどこに向かっていけばいいのかわからなくなり、宙ぶらりんになってしまうかもしれません。

しかし、やりたいことや夢に取り組むことを、「こうあってほしい社会」の実現に近づくための過程・手段だととらえることができるようになると、たとえ一つの夢や目標を達成しても、すぐに新たな夢や目標を見つけることができ、モチベーションも維持しやすくなるでしょう。

もっと早くに「自分が宇宙に行くのは、こうありたい自分、こうあってほしい社会に少しでも近づくためだ」という意味づけができていたら、僕自身、あんなに長く苦しむこともなく、次の目標が見つかったかもしれません。

この社会の中で自分を見失わず、自分らしく充実した人生を送るためには、自分自身の夢と「こういう社会にしたい」という思い、両方の軸を持つことが必要不可欠だと僕は思います。

誰もがストレスなく暮らしていける平等な社会を実現したい

今、僕がやりたいことや夢を考える際の判断基準としているのは、「自分たちや次の世代の人たちの未来にとってプラスになり、害にならないこと」「社会問題を解決する方向につながること」の2つです。

それをやることが社会にとって害になると思えば止めるし、プラスになると思えば自信を持って取り組みます。

そして、僕が思い描く「こうあってほしい社会」は、人種や性別、障がいの有無などによる差別がなく、誰もがストレスなく、自分らしく暮らしていける平等な社会です。

そのベースになっているのは、宇宙から地球を見た経験です。

一人ひとりの命の集合体ともいえる地球を外から眺めたとき、僕は「地球が自分のふるさとである」「自分は地球で生き、地球で死んでいくのだ」「自分が最終的に帰属する場所は地球なのだ」と実感しました。

そして、「この美しい地球を守りたい」「もっと、一人ひとりが暮らしやすい地球にしたい」と思うようになりました。

自分が取り組んでいるさまざまな活動を通して、自分の夢と理想的な社会的価値が共鳴し合う社会に近づけたい。

今、僕は心からそう考えています。

おわりに

僕がみなさんに伝えたい3つのこと

今、「発信すること」は僕の大事な仕事になっています。

ありがたいことに、さまざまな媒体から取材していただいたり、講演会やメディアへの出演の機会をいただいたりしていますが、僕が発信していることは、次の3つに尽きるかもしれません。


一つ目は、死者を語ることの大切さ。

宇宙飛行士という職業の歴史はわずか60年ほどですが、数多くのパイオニア、そして何人かの尊い犠牲者によって支えられてきました。

もちろん、僕の最初のフライトの直前に、コロンビア号の事故で犠牲になった7

名の飛行士もそうです。

　彼らとの記憶や彼らの業績を語り継ぐことは、生き残っている僕らの務めであり、救済であり、学びであり、彼らのことを僕が語り続けることが「ことだま」となり、彼らの意思は時代を超えて生き続けると、僕は思っています。


　二つ目は、今を生きることとの大切さ。

　人が生きている限り悩みは尽きず、その悩みの多くは対人関係にありますが、悩みに振り回されるばかりではなく、主体的に悩みに向き合っていけば、そこから生まれる苦しみや不安などを抑えることができます。

　この本では繰り返し、

①自分のアイデンティティを自分一人で築くこと
②自分の棚卸しをし、自分の奥底にあるものを探ること
③評価軸を自分に取り戻し、人生に意味づけをすること

の大事さをお伝えしてきました。

「ソトからの承認欲求」を追い求めるのではなく、「自分のナカにある自己実現欲求」を見つけることができれば、自分の周りにいる人たちとの関係をしっかり築くことが、承認欲求実現のための「手段」ではなく自己実現のための「目的」であることに気づくはずです。

僕はこれからも、そのためのコミュニケーションやチーム作りのお手伝いをしていきたいと思っています。

そして三つ目は、明日を生きる子どもたちへのメッセージ。

今は、夢を見ること、希望を持つことが難しい時代といわれ、他者からの評価を気にするあまり、「見栄えが良い夢」や「親・教師から押しつけられる希望」を拒否する子どもたちもたくさんいます。

しかし、他者から強制される夢ほどつまらないものはありません。

それはまさに、他者の評価軸に沿ったものでしかないからです。

夢は本来、自己実現のためのものです。

それを見つけるためには、自分に評価軸を戻し、「自分は何をしたら、何になったら、心の底から幸せになれるのか」と自分に問うてみることが大事です。

その際、自分の想いを言語化していく当事者研究的なアプローチが役に立つかもしれません。

夢を持つこと、なりたい自分をイメージ化することにコストはかかりません。また、子どもでも主婦でも定年後の老人でも、夢を持って社会と共鳴しながら生きる力を持っているはずです。

夢を持つことの素晴らしさも、僕はずっと伝えていきたいと思っています。

宇宙体験でわかった、より良く生きることの大切さ

こうしたメッセージを発信したいと考えているのは、やはり、宇宙飛行士の仕事で何度となく「死」を身近に感じ、より良く生きることの大切さが身にしみてわ

かったからです。

本文では触れていませんが、2020年に参加した3回目のフライトでも、僕は2回、「死」を強く意識しました。

最初は、打ち上げ直後に「全冷却系喪失」のアラームが鳴ったとき。

このアラームが鳴ったときは、90分以内に地球へ戻らないと、オーバーヒートで全員死亡してしまいます。

そうなると、3年かけて準備した、僕にとって最後のフライトが、たったの1時間ほどで終わってしまうわけですが、そんなことよりも、無事4人で生還できるかどうかすら怪しい状況でした。

そのとき、4名のクルーが目を合わせて「生き抜く」意思を確認し、死なないための正しい方策を探り始めた瞬間は、今でも忘れることができません。

実際には、緊急対処マニュアルを始めてほどなく誤報であることがわかり、何事もなかったように通常業務に戻ったのですが、その数分間の緊迫感は不思議な重みとして、ずっと僕の中に残っています。

2回目は、最後の船外活動のとき。

まだまだ作業が残っている段階で、相棒の飛行士から「私の手袋に孔《あな》が開いたかもしれない」というコールが入りました。

船外宇宙服から空気が漏れると、最悪の場合、30分以内に窒息死します。

その瞬間、僕を含め、仲間の飛行士も地上の管制官も、みんなが凍りつき、船外活動の目標は急遽、「新しい部品の設置完了」から「2名の無事帰還」に変更。

幸い空気漏れはなく、作業もなんとか完遂して、僕のギネス世界記録につながる船外活動が完了しました。

「一寸先は闇」という言葉がありますが、3回目のフライトで、僕はあらためて、宇宙空間では文字通り、一寸先に死があることを思い知らされました。

その意味で、宇宙体験とは、「死の淵にありながら猛烈に生を希求する」体験であるといえるかもしれません。

僕が、こうした宇宙での体験を通して、あるいは10年間の苦しみの中で考えたさまざまなことが、長い熟成期間を経て、ようやく言葉として出始めてきたのがこの本であり、過去に取材や講演等でお伝えしてきたことも、この本にはたくさん詰まっています。

最後に、僕の3回の宇宙飛行を支えてくれた妻と家族、この本を刊行するにあたりご助力いただいたアスコム編集部の栗田亘さん、村本篤信さんに、心からお礼を申し上げます。

野口聡一

野口聡一（のぐち・そういち）

宇宙飛行士。博士（学術）。

1996年宇宙飛行士に選抜、米国NASAにて宇宙飛行士訓練開始。

2005年スペースシャトル「ディスカバリー号」に搭乗し日本人初のISSでの船外活動を行う。

2009年日本人初のソユーズ宇宙船TMA-17船長補佐搭乗、ISS滞在。

2020年米国人以外で初めてSpaceXクルードラゴン宇宙船に搭乗。約5か月半、ISSに滞在した。その間、4度目の船外活動（EVA）や、「きぼう」日本実験棟における様々なミッションを実施し、2021年5月、地球へ帰還。世界で初めて「3種類の宇宙帰還を達成した宇宙飛行士」としてギネス世界記録に認定。

国際NPO「Genius 100」財団が選出する「世界の100人」に選出。「宇宙からのショパン生演奏」でYouTube Creator Award受賞、ベスト・ファーザー イエローリボン賞受賞。ボーイスカウト日本連盟特別功労賞、日本質的心理学会論文賞、電気通信普及財団賞（テレコム学際研究特例表彰）受賞。

合同会社「未来圏」代表、東京大学および日本大学特任教授。

2022年6月、26年間勤めた宇宙航空研究開発機構（JAXA）を退職。著書に『宇宙飛行士野口聡一の全仕事術』（世界文化ブックス）などがある。

どう生きるか　つらかったときの話をしよう

自分らしく生きていくために必要な22のこと

発行日　2023年10月11日　第1刷
発行日　2023年12月20日　第5刷

著者　野口聡一

本書プロジェクトチーム
編集統括　柿内尚文
編集担当　栗田亘
デザイン　小口翔平、阿部早紀子（tobufune）
装丁写真　SpaceX Crew-1クルーの野口宇宙飛行士 ©SpaceX/JAXA　提供：JAXA/NASA
本文イラスト　伊藤ハムスター
編集協力　村本篤信
校正　荒井順子
本文デザイン・DTP　廣瀬梨江

営業統括　丸山敏生
営業推進　増尾友裕、綱脇愛、桐山敦子、相澤いづみ、寺内未来子
販売促進　池田孝一郎、石井耕平、熊切絵理、菊山清佳、山口瑞穂
吉村寿美子、矢橋寛子、遠藤真知子、森田真紀、氏家和佳子
プロモーション　山田美恵
講演・マネジメント事業　斎藤和佳、志水公美

編集　小林英史、村上芳子、大住兼正、菊地貴広、山田吉之、大西志帆、福田麻衣
メディア開発　池田剛、中山景、中村悟志、長野太介、入江翔子
管理部　早坂裕子、生越こずえ、本間美咲
マネジメント　坂下毅
発行人　高橋克佳

発行所　株式会社アスコム

〒105-0003
東京都港区西新橋2-23-1　3東洋海事ビル
編集局　TEL：03-5425-6627
営業局　TEL：03-5425-6626　FAX：03-5425-6770

印刷・製本　株式会社光邦

Printed in Japan ISBN 978-4-7762-1314-7